Wolfram Kinzig
Das Apostolische Glaubensbekenntnis

Hans-Lietzmann-Vorlesungen

Herausgegeben von
Katharina Bracht und Christoph Markschies

Heft 17

Wolfram Kinzig

Das Apostolische Glaubensbekenntnis

Leistung und Grenzen
eines christlichen Fundamentaltextes

DE GRUYTER

Akademieunternehmen „Die alexandrinische und antiochenische Bibelexegese
in der Spätantike – Griechische Christliche Schriftsteller" der Berlin-Brandenburgischen
Akademie der Wissenschaften

ISBN 978-3-11-063434-1
e-ISBN (PDF) 978-3-11-063871-4
e-ISBN (EPUB) 978-3-11-063865-3
ISSN 1861-6011

Library of Congress Control Number: 2018961664

Bibliografische Information der Deutschen Nationalbibliothek
Die Deutsche Nationalbibliothek verzeichnet diese Publikation in der Deutschen
Nationalbibliografie; detaillierte bibliografische Daten sind im Internet
über http://dnb.dnb.de abrufbar.

© 2018 Walter de Gruyter GmbH, Berlin/Boston
Druck und Bindung: CPI books GmbH, Leck

www.degruyter.com

Vorwort

Das Apostolische Glaubensbekenntnis gehört nach der Bibel zu den Fundamentaltexten der Christenheit. In den meisten protestantischen Kirchen, wie auch in der römisch-katholischen und der anglikanischen Kirche wird es jeden Sonntag im Gottesdienst gesprochen. Dabei wird vielen Gottesdienstbesuchern bei diesem Text mehr als bei anderen liturgischen Texten das Problemfeld von Tradition und Aktualität bewusst: Immer wieder werden Stimmen laut, dass man die ererbten Worte mitspreche, ohne sie in jedem Punkt „unterschreiben" zu können, oder dass man sich daran stoße, einen fremden, unveränderlichen Text aufoktroyiert zu bekommen. Andere hingegen schätzen das Bewusstsein, dass das Apostolicum allsonntäglich oft zur gleichen Uhrzeit weltweit in vielen Kirchen gesprochen wird und also eine ökumenisch-verbindende Funktion habe. Im kirchlichen Unterricht bemühen sich Pfarrer und Pfarrerinnen, Katechetinnen und Katecheten auf vielfältige Art darum, dass die Jugendlichen sich den alten Text als ihr eigenes, persönliches Glaubensbekenntnis aneignen.

An diese praktisch-theologischen Beobachtungen knüpfen sich kirchenhistorische Fragen: Wie alt ist der „alte Text" eigentlich? Wann, wo und wie ist er entstanden? Und wie hat sich die Verwendung des apostolischen Bekenntnisses im Laufe seiner Geschichte verändert? Weitere Fragen ergeben sich aus der Beobachtung, dass nur ein Grundstock an christlichen Inhalten benannt wird, wenn das Apostolicum im Gottesdienst gesprochen wird. Sehr vieles, das in anderen liturgischen Texten und in biblischen Texten vorkommt, kommt nicht zur Sprache – man denke nur an die Worte der Propheten, an die Wundererzählungen der Evangelien, die Paränese der paulinischen und anderen Briefe, und vieles andere mehr. Was vermag das Apostolicum zu leisten, wenn es um die Vermittlung religiösen Wissens geht, und wo liegen seine Grenzen?

Mit dem Bonner Kirchenhistoriker Wolfram Kinzig, der die 23. Hans-Lietzmann-Vorlesung am 7. Dezember 2017 in Jena und am darauffolgenden 8. Dezember 2017 in Berlin hielt, konnte ein Experte für diese Fragen, der nun schon über 20 Jahre in der Symbolforschung engagiert ist, gewonnen werden. Dabei hat er, obwohl von Hause aus Patristiker, nicht nur die altkirchlichen Ursprünge, sondern immer auch die Rezeptionsgeschichte bis in die Gegenwart im Blick.

Wolfram Kinzig studierte evangelische Theologie und Latinistik in Heidelberg und Lausanne. Nach umfangreichen Forschungs- und Lehrtätigkeiten in Heidelberg, Oxford und Cambridge wurde er 1988 in Heidelberg promoviert. Unter der Betreuung von Adolf Martin Ritter entstand seine Dissertation, die unter dem Titel „In Search of Asterius. Studies on the Authorship of the Homilies on the Psalms" im Jahr 1990 publiziert wurde.[1] Im Jahr 2002 machte Wolfram Kinzig die Psalmenhomilien mit einer zweibändigen deutschen Übersetzung in der *Bibliothek der griechischen Literatur* erstmals einer breiteren deutschsprachigen Öffentlichkeit zugänglich.[2] Bereits kurz nach Erscheinen der Dissertation folgte 1991 die Habilitation im Fach „Historische Theologie" mit der Arbeit: „Novitas Christiana. Die Idee des Fortschritts in der Alten Kirche bis Eusebius".[3] Nach weiteren Forschungsaufenthalten in Cambridge wurde er 1996 auf den Lehrstuhl für Kirchengeschichte mit dem Schwerpunkt Alte Kirchengeschichte an der Evangelisch-Theologischen Fakultät der Universität Bonn berufen.

Unter den zahlreichen Forschungsschwerpunkten von Wolfram Kinzig ist im Zusammenhang des hier publizierten Vortrags die Symbolforschung hervorzuheben. Schon 1999 veröffentlichte er zusammen mit Christoph Markschies und Markus Vinzent den damals weichenstellenden Band „Tauffragen und Bekenntnis. Studien zur sogenannten ‚Traditio Apostolica', zu den ‚Interrogationes de fide' und zum ‚Römischen Glaubensbekenntnis'", wobei er das Kapitel über die Tauffragen in der lateinischen Kirche bis Luther verantwortete.[4] Nach zahlreichen Aufsätzen zu diesem Thema ist kürzlich die vierbändige Quellensammlung „Faith in Formulae. A Collection of Early Christian Creeds and Creed-related Texts" erschienen,[5] begleitet von dem Band „Neue Texte und Studien zu den antiken und frühmittelalterlichen Glaubensbekenntnissen".[6]

Aus Anlass der Hans-Lietzmann-Vorlesung, die jährlich von der Professur für Kirchengeschichte und dem Institut für Altertumswissenschaften der Friedrich-Schiller-Universität Jena sowie der Theologischen Fakultät der Humboldt-Universität zu Berlin und der Berlin-Brandenburgischen Akademie der Wissenschaften in guter Kooperation ausgerichtet wird, ist als ein zweiter Forschungs-

---

1 Wolfram Kinzig, In Search of Asterius. Studies on the Authorship of the Homilies on the Psalms, Göttingen 1990 (FKDG 47).
2 Asterius, Psalmenhomilien. Eingeleitet, übersetzt und kommentiert von Wolfram Kinzig, 2 Bände, Stuttgart 2002 (BGrL 56 und 57).
3 Wolfram Kinzig, Novitas Christiana. Die Idee des Fortschritts in der Alten Kirche bis Eusebius. Göttingen 1994 (FKDG 58).
4 Wolfram Kinzig, Christoph Markschies und Markus Vinzent, Tauffragen und Bekenntnis. Studien zur sogenannten ‚Traditio Apostolica', zu den ‚Interrogationes de fide' und zum ‚Römischen Glaubensbekenntnis', Berlin 1999 (AKG 74).
5 Wolfram Kinzig, Faith in Formulae. A Collection of Early Christian Creeds and Creed-related Texts, Oxford 2017 (OECT).
6 Wolfram Kinzig, Neue Texte und Studien zu den antiken und frühmittelalterlichen Glaubensbekenntnissen, Berlin 2017 (AKG 132).

schwerpunkt hervorzuheben, dass Wolfram Kinzig sich immer wieder mit einzelnen Forscherpersönlichkeiten aus der Patristik befasst, darunter dem Berliner Patristiker Adolf von Harnack und seinem Nachfolger im Amt: dem Neutestamentler, Patristiker und christlichen Archäologen Hans Lietzmann (1875–1942).[7] Mit Hans Lietzmann verbinden Wolfram Kinzig nicht nur die Bonner theologische Fakultät, die Lietzmanns erste wissenschaftliche Station vom Studium bis zur Privatdozentur bildete, nicht nur die Patristik im Allgemeinen, sondern insbesondere die Symbolforschung. Zwischen 1921 und 1927 veröffentlichte Lietzmann in der *Zeitschrift für die neutestamentliche Wissenschaft* 14 Beiträge mit dem Titel „Symbolstudien", d.h. einzelne Beiträge zu verschiedenen mit den christlichen Bekenntnissen verbundenen Fragen, die schließlich 20 Jahre nach seinem Tod im dritten Band der „Kleinen Schriften" zusammengefasst und 1966 in einem Einzelband veröffentlicht wurden.[8] In der „Geschichte der Alten Kirche", die er in seiner Berliner Zeit verfasste, nahm er das Thema in einem eigenen Kapitel unter der Überschrift „Glaubensregel und Theologie" wieder auf.[9] Lietzmann setzte sich sehr dafür ein, dass den Bekenntnissen nicht nur in der Forschung, sondern auch in der Lehre der zentrale Rang zugemessen wurde, den er für angemessen hielt, und veröffentlichte daher bereits im Jahr 1906 ein kleines, nur 33 Seiten starkes, aber viel verwendetes und wiederholt neu aufgelegtes Studienheft unter dem Titel: „Symbole der alten Kirche".[10]

Die Reihenfolge der Hans-Lietzmann-Vorlesungen, die alljährlich zunächst in Jena und am darauffolgenden Abend in Berlin stattfinden, folgt dem Lebensweg Lietzmanns, der ihn von der Universität Jena, wo er seit 1905 als außerordentlicher, seit 1908 als ordentlicher Professor für Kirchengeschichte wirkte, im

---

7 Wolfram Kinzig, Evangelische Patristiker und Christliche Archäologen im „Dritten Reich". Drei Fallstudien: Hans Lietzmann, Hans von Soden, Hermann Wolfgang Beyer, in: Antike und Altertumswissenschaft in der Zeit von Faschismus und Nationalsozialismus, hg. v. Beat Näf unter Mitarbeit von Tim Kammasch, Mandelbachtal-Cambride 2001 (Texts and Studies in the History of Humanities 1), 535–601; 616–629, da 544–558 zu Hans Lietzmann; ders., Hans Lietzmann (1875–1942). In: Reinhard Schmidt-Rost/Stephan Bitter/Martin Dutzmann (Hgg.), Theologie als Vermittlung. Bonner evangelische Theologen des 19. Jahrhunderts im Porträt, Rheinbach 2003 (Arbeiten zur Theologiegeschichte 6), 220–231.
8 Hans Lietzmann, Symbolstudien, in: Kleine Schriften: Archiv für die Ausgabe der griechischen christlichen Schriftsteller der ersten Jahrhunderte 3: Studien zur Liturgie- und Symbolgeschichte, zur Wissenschaftsgeschichte, hg. von Kurt Aland, Berlin 1962 (TU 74), 189–281; wieder abgedruckt als: Hans Lietzmann, Symbolstudien I-XIV, Darmstadt 1966 (Libelli 136).
9 Hans Lietzmann, Geschichte der Alten Kirche. Band 2: Ecclesia catholica, Berlin 1936, 100–119 (Kapitel 4).
10 Symbole der alten Kirche, ausgewählt von Hans Lietzmann, Kleine Texte für Vorlesungen und Übungen 17/18, Berlin 1906, 6. Aufl. 1968.

Jahr 1924 an die damalige Friedrich-Wilhelms-Universität zu Berlin auf den Harnack'schen Lehrstuhl für Kirchengeschichte, Neues Testament und Christliche Archäologie führte. Zwei Jahre später wurde er zum ordentlichen Mitglied der damaligen Preußischen (heute Berlin-Brandenburgischen) Akademie der Wissenschaften berufen und trat 1930 die Nachfolge Harnacks auch als Vorstand des Akademieunternehmens „Griechische Christliche Schriftsteller" an.

Anlässlich des 350. Bestehens der Universität Jena und der Einweihung des neuen Hauptgebäudes trug Lietzmann sich am 20. August 1908 mit seinem Amtseid in das so genannte „Goldene Buch", i.e. das Statutenbuch der Theologischen Fakultät Jena ein,[11] unterschrieb damit die Statuten der Fakultät und gelobte ihr Treue, Ehrerbietung und Gehorsam.[12] Damit stellte er sich in eine Tradition, die seit 1573 unbeschadet der Unterbrechungen durch politisch unruhige Zeiten wie den Dreißigjährigen Krieg oder die „Wende" besteht.[13] Als Lietzmann 1924 nach Berlin wechselte, blickte er auf ein gutes Lebenskapitel zurück und brach zu neuen Ufern auf. In einem kurzen autobiographischen Beitrag schreibt er wenig später: „Im Sommersemester 1924 las ich bereits – von Jena aus herüberfahrend – die drei ersten Tage der Woche in Berlin, im August verließ ich mit meiner Familie Jena, das mir in 19jährigem Aufenthalt tief ins

---

11 Im Rahmen der Hans-Lietzmann-Vorlesung 2017 informierte eine Posterausstellung, die im Rahmen einer Lehrveranstaltung im Sommersemester 2017 von Studierenden unter der Leitung von Katharina Bracht erstellt wurde, über dieses Statutenbuch, das aufgrund seiner handschriftlichen Einträge der Professoren und zweier Professorinnen sowie zahlreicher Doktoranden aus den Jahren 1573 bis 1995 einen einzigartigen Überblick über die Geschichte der Theologischen Fakultät Jena bietet. Daneben wurden u.a. im Jahr der Universitätsgründung 1558 die Fakultätsstatuten selbst handschriftlich eingetragen.
12 STATVTA COLLEGII facultatis theologicæ,‖ in Academia Je=‖nensi, [Jena] 1558–1995 (Thüringer Universitäts- und Landesbibliothek, Signatur Ms. Prov. f. 107g), 163: *Decano / viro spectabili ac summe reverendo / Doctore Friderico Guilelmo Thümmel / S.[ancti]S.[imae] Theologiae Professore Publico Ordinario / in collegium summe venerandum / Theologorum receptur ego / Johannes Lietzmann S.[ancti]S.[imae] Theolo- / giae Doctor eiusdemque Professor / Publicus ordinarius legibus ac sta- / tutis Facultatis subscribo et fidem / observantiam obsequium promitto. / Jenae, Kalendis Augustis MDCCCCVIII, / quo die semi saecularia sacra septima / concelebrata et novae aedes feliciter in- / auguratae sunt.*
13 Der jüngste Eintrag aus dem Jahr 1995 stammt von Christoph Markschies, s. STATVTA COLLEGII facultatis theologicæ,‖ in Academia Je=‖nensi, 207, der gewissermaßen den Lebensweg seines Jenaer Vorgängers von Jena (1994–2000), mit einem Abstecher nach Heidelberg (2000–2004), nach Berlin auf den Harnack'schen Lehrstuhl (seit 2004) nachvollzog. Zwar geriet das „Goldene Buch" mit den Umbrüchen der Wendejahre nach 1989/90 vorübergehend in Vergessenheit, doch bedeutet das keinen ungewollten Abriss oder gar eine bewusste Beendigung der Tradition, die durch eine wechselvolle Geschichte bis in das Gründungsjahr der Jenaer Universität 1558 zurückreicht.

Herz gewachsen war. Seine Berge mit dem weiten Blick ins Saaletal, seine grünen Wälder und seine malerischen engen Gassen sind mir liebe Freunde geworden und haben mir auf manchem stillen Wandergang gute Gedanken eingegeben. Der alte Fuchsturm, an dessen Fuß uns treue Jenaer Bürger einen herzlichen Abschied bereitet hatten, winkte von der Höhe noch einmal seinen Gruß. Ich fühlte, daß ein schönes und gutes Kapitel in meinem Leben zu Ende war." Für die Berliner Zeit erhoffte er sich eine Wende in seinem wissenschaftlichen Leben: „Möge Gott mir die Kraft verleihen, das bunte Vielerlei meines bisherigen Lebens zu einer starken Einheit zu formen."[14] Ein einheitlicher roter Faden (neben anderen) durch Lietzmanns Berliner Jahre sollte das Thema der Bekenntnisse werden, an das Wolfram Kinzig mit der hier publizierten Hans-Lietzmann-Vorlesung anknüpft.

Zum guten Schluss bleibt zu danken: der Berlin-Brandenburgischen Akademie der Wissenschaften und der Theologischen Fakultät der Humboldt-Universität zu Berlin für die Organisation der Berliner Vorlesung, der Theologischen Fakultät der Friedrich-Schiller-Universität für die Organisation der Jenaer Vorlesung, meinem wissenschaftlichen Mitarbeiter Florian Durner, der das Manuskript für den Druck vorbereitete, sowie vor allem dem Verlag de Gruyter und Herrn Dr. Albrecht Döhnert für vielfältige Unterstützung und die Publikation der Hans-Lietzmann-Vorlesungen.

Jena, im Herbst 2018   Katharina Bracht

---

14 Hans Lietzmann, Selbstdarstellung. In: Erich Stange (Hg.), Die Religionswissenschaft der Gegenwart in Selbstdarstellungen. Bd. 2: Karl Beth, Karl Girgensohn, Hans Lietzmann, Friedrich Loofs, Otto Proksch, Erich Schaeder, Leipzig 1926, 77-117, da 117 (für den Hinweis auf dieses Zitat danke ich stud. theol. Florian Klein, der das Poster zu Hans Lietzmann erarbeitete).

Inhalt

Vorwort —— V

Einleitende Bemerkungen —— 1

I Das Glaubensbekenntnis am Ausgang der Spätantike: ein Fallbeispiel —— 5

II Die Entstehung des Apostolischen Glaubensbekenntnisses —— 15

III Das Glaubensbekenntnis im Frühmittelalter —— 21

IV Das Apostolicum – damals und heute —— 25

Literatur —— 27

Einleitende Bemerkungen*

Im Sommer 416 kam die kleine Stadt Uzalis[1] in der römischen Provinz Africa Proconsularis, das heutige El Alia in Nordtunesien, in den Besitz eines kostbaren Geschenks: Sie erhielt Gebeine von niemand Geringerem als dem ersten christlichen Märtyrer Stephanus.[2] Dessen Überreste waren im Dezember des Vorjahres in Jerusalem von dem dortigen Bischof Johannes entdeckt worden. Die Reliquien des Protomärtyrers waren sofort hochbegehrt. Während der größte Teil der Gebeine am 26. Dezember 415 in einer feierlichen Zeremonie in die Kirche Hagia Sion, den neu erbauten Jerusalemer Bischofssitz, überführt wurde, gelangte ein kleinerer Teil auf nicht mehr ganz durchsichtige Weise nach Nordafrika und dort auch nach Uzalis. Schon bald häuften sich die Geschichten von Wundern, die auf die Anwesenheit der Reliquien des Hl. Stephanus zurückgeführt wurden. So erzählte man sich auch folgende Begebenheit, die ein uns unbekannter Verfasser einige Jahre später[3] aufgezeichnet hat:[4]

In der Stadt war ein Unglück geschehen: Ein baufälliges Haus war zusammengestürzt und hatte einen Mann mit Namen Dativus erschlagen. Man grub seine Leiche aus und bahrte sie im Nachbarhaus auf. Die untröstliche Witwe lief sogleich zum Schrein des Hl. Stephanus, in den man dessen Gebeine gebettet hatte, und betete unter Tränen zum Heiligen, er möge ihr ihren Gatten zurückgeben. Und, oh Wunder, der Totgeglaubte öffnete plötzlich seine Augen und rührte sich. Als er wieder ganz zu sich gekommen war, erzählte er eine unglaubliche Geschichte: Er berichtete, ihm sei ein junger Mann begegnet, der in das leuchtend weiße Gewand eines Diakons gekleidet war. Der Mann befahl ihm: „Gib mir zurück, was du erhalten hast." Doch verstand Dativus nicht, wovon der Mann sprach. Dieser wiederholte: „Gib mir zurück, was du erhalten hast."

---

* Frau Prof. Dr. Katharina Bracht und Herrn Prof. Dr. Dr. h.c. mult. Christoph Markschies danke ich für die ehrenvolle Einladung und die großzügige Gastfreundschaft während meiner Aufenthalte in Jena bzw. Berlin. Frau Dr. Julia Winnebeck bin ich für die sorgfältige Durchsicht des Textes dankbar. Hilfreiche Hinweise und kritische Anmerkungen der Hörerinnen und Hörer in Jena und Berlin haben mich dazu bewogen, den Text an einigen Stellen noch zu ergänzen und präzisieren
1 Zur Stadt in der Antike vgl. Pierre Quoniam, Art. Uzalis, in: PRE II/18, 1968, 1323.
2 Zum Folgenden vgl. Victor Saxer, Morts, martyrs, reliques en Afrique chrétienne aux premiers siècles. Les témoignages de Tertullien, Cyprien et Augustin à la lumière de l'archéologie africaine, Paris 1980 (ThH 55), 245f.; Scott Bradbury, Severus of Minorca. Letter on the Conversion of the Jews. Edited with an Introduction, Translation, and Notes, Oxford 1996 (OECT), 16–25.
3 Offenbar nach dem Sommer 424. Vgl. zur Begründung Saxer, Morts, 270.
4 Zur Sammlung der Wundergeschichten vgl. Saxer, Morts, 246–254.

Als Dativus noch immer nicht begriff, forderte der Mann ihn ein drittes Mal zur Rückgabe dessen auf, was er bekommen habe. Da dämmerte es Dativus, dass der Unbekannte möglicherweise das Glaubensbekenntnis meinte, das Täuflingen in einem feierlichen Akt vor der Taufe übergeben wurde und das diese dann „zurückzugeben", das heißt: aufzusagen hatten. Dativus murmelte also: „Soll ich das Bekenntnis zurückgeben?" „Gib es zurück!" lautete die barsche Antwort. So rezitierte Dativus das Credo und fuhr, als er geendet hatte, fort: „Wenn du willst, kann ich auch noch das Vaterunser aufsagen." Als der andere zustimmte, sprach er auch noch das Herrengebet. Daraufhin machte der Unbekannte auf dem Kopf des vor ihm hingestreckten Dativus ein Kreuzzeichen und sprach zu ihm: „Steh auf, du bist nun geheilt." Und so geschah es.[5]

In dieser durchaus unterhaltsamen Legende über die Erscheinung des Diakons Stephanus wird dem Glaubensbekenntnis eine besondere Kraft zugeschrieben: Dativus, der das Bekenntnis rezitiert, wird von tödlichen Verletzungen dadurch geheilt, dass er das Bekenntnis „zurückgeben" (lateinisch: *reddere*), und das ist im Lateinischen gleichbedeutend mit: aufsagen kann. Seine Geschichte ist nicht die einzige, die von den wundersamen, aber auch furchterregenden Kräften des Bekenntnisses erzählt. Von keinem anderen als Augustin hören wir, wie ein Mann der Reihe nach mit Blindheit und Lähmung geschlagen wurde, weil er das Credo nicht richtig auswendig gelernt hatte.[6]

Diese Wundergeschichten um das Glaubensbekenntnis beginnen an der Wende vom 4. zum 5. Jahrhundert. Sie werden dann in frühere Zeit rückprojiziert. So berichtet Rufin in seiner Fortsetzung der Kirchengeschichte des Eusebius (um 401) davon, wie pagane Philosophen und Dialektiker von dem Konzil von Nizäa im Jahre 325 angezogen wurden. Einer von ihnen verwickelte die Bischöfe täglich in Diskussionen über Glaubensfragen. Obwohl die Geistlichen rhetorisch durchaus trainiert waren, erwies sich der Philosoph als ihnen überlegen. Schließlich trat ein alter Confessor auf, also ein Mann, der in einer Christenverfolgung für seinen Glauben gelitten hatte und der, wie Rufin sagt, „von sehr einfachem Gemüt" (*simplicissimae naturae*) gewesen sei und „nichts anderes kannte als Christus Jesus und seine Kreuzigung" (*nihil aliud sciens nisi Christum Iesum et hunc crucifixum*). Diesem dezidierten Nichttheologen gelang es schließlich allein durch die Rezitation eines Glaubensbekenntnisses, den Philosophen zum christlichen Glauben zu bekehren und zur Taufe zu bewegen.[7] Darin, so sagt Rufin schon in der Einleitung zu dieser Anekdote, habe sich die

---

5 Frei nach *De miraculis sancti Stephani* 1,6 (vgl. FaFo § 637).
6 *Epistula 227* (FaFo § 636i).
7 Rufin, *Historia ecclesiastica* 10,3 (vgl. FaFo § 136).

Kraft des einfachen christlichen Glaubens erwiesen, und es kann kein Zweifel daran bestehen, dass er damit eine spezifische *Wunder*kraft meint, die vom christlichen Glaubensbekenntnis ausgehe. Die Geschichte erwies sich als so populär, dass spätere Kirchenhistoriker wie Sozomenos (um 443/450) und Pseudo-Gelasios von Kyzikos (475/476) sie in ihren Geschichtswerken wiederholten und weiter ausschmückten.[8]

Ungeachtet ihrer jeweiligen Historizität zeigen die Geschichte des Dativus in Uzalis und die des unbekannten Confessors in Nizäa, dass von Christen in der Spätantike erwartet wurde, das Apostolische Glaubensbekenntnis auswendig aufsagen zu können. Freilich verdankt sich diese Kenntnis nicht dem Sonntagsgottesdienst, denn dort begegnete man dem Bekenntnis nicht: Die heutige Stellung in vielen Liturgien nach der Schriftlesung bzw. nach der Homilie ist ein liturgischer Brauch, der sich erst im Hochmittelalter eingebürgert hat.[9] Gleichwohl kannten die Gläubigen offensichtlich das Credo, ja man traute dessen Kenntnis auch einfachsten Gemütern zu.

Wo aber lernten die Christen das Glaubensbekenntnis kennen, und wie sind sie damit umgegangen? Wie hat sich die Verwendung des Bekenntnisses im Laufe seiner Geschichte verändert? Welche Bedeutung besaß es für die Formierung des christlichen Glaubens im Mittelalter? Und schließlich: Was hat man im Bekenntnis über den christlichen Glauben gelernt und auch – was hat man nicht gelernt? Welches sind die Leistung und die Grenzen dieses Textes in der Vermittlung religiösen Wissens und in der Einübung religiöser Praxis?

Um diese Fragen soll es im Folgenden gehen. Um sie zu beantworten, möchte ich zunächst (I) an einem Fallbeispiel aus dem frühen 6. Jahrhundert zeigen, wo die Gläubigen im spätantiken römischen Westreich dem Bekenntnis begegneten und welche Bedeutung es dann in ihrem Alltag hatte. In einem zweiten Schritt möchte ich knapp die Entstehungsgeschichte des Apostolischen Glaubensbekenntnisses resümieren, wie sie sich uns heute darstellt (II), und sodann fragen, wie sich der ursprüngliche Sitz im Leben zu der Verwendung des Bekenntnisses im Frühmittelalter verhält (III). In einem letzten Teil werde ich schließlich umreißen, was wir aus der Entstehungsgeschichte dieses Textes für unsere heutige christliche Praxis lernen können und auch einen konkreten Vorschlag zur Verwendung des Apostolicums machen (IV).

---

[8] Vgl. Sozomenos, *Historia ecclesiastica* 1,18 (vgl. FaFo § 136b); Pseudo-Gelasios von Kyzikos, *Historia ecclesiastica* 2,13 (vgl. FaFo § 136c).
[9] Vgl. ausführlicher Wolfram Kinzig, Neue Texte und Studien zu den antiken und frühmittelalterlichen Glaubensbekenntnissen, Berlin 2017 (AKG 132), 324–326.

I Das Glaubensbekenntnis am Ausgang der Spätantike: ein Fallbeispiel

Fragen wir also zunächst: Wo begegnete einer Christin das Glaubensbekenntnis, und was hat sie damit „gemacht"? Gehen wir dazu nach Arles im südlichen Gallien in die Zeit nach dem Jahr 500 und nehmen wir an, es handele sich bei unserer Christin um die edle Gregoria, die Frau des gallischen Aristokraten Firminus, deren Frömmigkeit und Bescheidenheit in der Vita des Bischofs Caesarius gerühmt wird.[10] Caesarius hatte im Jahre 502 den Bischofsthron in Arles bestiegen und dominierte das kirchliche Leben in Gallien in politisch unsicherer Zeit über vier Jahrzehnte bis zu seinem Tod im Jahre 542.

Als Gregoria Caesarius kennen lernte, war sie bereits Christin. Diese Auskunft darf jedoch nicht dazu verleiten, eine gewissermaßen volkskirchliche Situation mit allgemeiner Säuglingstaufe wie im Hochmittelalter vorauszusetzen. Denn die *Vita Caesarii* sagt nichts darüber, ob Gregoria bereits in eine christliche Familie geboren worden war. Im Gallien des frühen 6. Jahrhunderts gab es durchaus noch Heiden.[11] Entstammte sie bereits einer christlichen Familie, dann wäre sie vielleicht als Säugling getauft worden. Doch selbst das ist nicht sicher, denn um diese Zeit war der Taufaufschub wegen der Bedeutsamkeit dieses Ereignisses im Leben eines jeden Christen noch durchaus üblich.[12] Diese Überlegungen sind deswegen wichtig, weil es für die Weitergabe des Glaubensbekenntnisses vor allem zwei Sitze im Leben gab: die Familie und die Taufvorbereitung.

Vom häuslichen Umgang mit dem Bekenntnis wird gleich noch zu sprechen sein. Der primäre Ort des Bekenntnisses oder – wie man in der Antike meist sagte: des Symbols (*symbolum*) – war hingegen die Taufvorbereitung.[13] Das Glaubensbekenntnis wurde am Ende des Katechumenats in einer feierlichen Zeremonie den Taufbewerberinnen und -bewerbern „übergeben". Mit dieser

---

10 Vgl. *Vita Caesarii* 1,8 (Morin, SC 536, 158f.).
11 Vgl. dazu William E. Klingshirn, Caesarius of Arles. The Making of a Christian Community in Late Antique Gaul, Cambridge 1994 (ND 1995; CSMLT IV/22), 209–226; Gregor Predel, Vom Presbyter zum Sacerdos. Historische und theologische Aspekte der Entwicklung der Leistungsverantwortung und Sacerdotalisierung des Presbyterates im spätantiken Gallien, Freiburg 2005 (Dogma und Geschichte 4), 47–53.
12 Vgl. Klingshirn, Caesarius of Arles, 211.
13 Zur Taufpraxis in Arles vgl. Victor Saxer, Les rites de l'initiation chrétienne du IIe au VIe siècle. Esquisse historique et signification d'après leurs principaux témoins, Spoleto 1988 (Centro italiano di studi sull'Alto Medioevo 7), 512–525.

traditio symboli ging eine Auslegung des Textes durch den lokalen Bischof einher. Die Kandidatinnen und Kandidaten mussten es sodann auswendig lernen und an einem der nächsten Wochenenden im Rahmen der Zeremonie der *redditio symboli* feierlich „zurückgeben", das heißt aufsagen. Auf diesen Vorgang spielt auch die Forderung des Hl. Stephanus an, von der in der Wundergeschichte zu Beginn die Rede war. In Arles fand die *traditio symboli* am Palmsonntag statt.[14] Sie dürfte sich hier in der dem Hl. Stephanus geweihten Kirche abgespielt haben, dort, wo heute die Kathedrale St-Trophime steht.[15] Wir besitzen noch eine Predigt des Bischofs Caesarius, die so einflussreich war, dass sie schließlich als Modellkatechese in die Tauflliturgie des gallikanischen Ritus übernommen und mindestens bis ins 9. Jahrhundert noch verwendet wurde.[16] Gregoria hätte dann vom Bischof Folgendes gehört:[17] Caesarius begann seine Katechese damit, dass er seinen Zuhörern die Bedeutung des Glaubens einschärfte. Nur wer in diesem Leben am Glauben festhalte, werde das ewige Leben erlangen. Der Glaube ähnele einem wunderschönen Gebäude, dessen Fundament Gott sei, dessen Giebel aber das ewige Leben bilde. Das Bekenntnis wiederum sei die Tür zum Leben, der Beginn des Wegs und das Fundament des Heils. Caesarius warnte sodann davor, die göttlichen Mysterien mit dem Verstand erfassen zu wollen. Dies gleiche einem Umweg oder einem Haus ohne Fundament, ja man versuche dann mit dem Kopf durch die Wand zu gehen, da unser beschränkter Verstand außerstande sei, das himmlische Geheimnis zu erfassen.

Caesarius rezitierte anschließend feierlich das gesamte Credo, welches sich in Gallien um 500 von unserem Apostolicum nur in wenigen Details unterschied. Dieses Bekenntnis, so mahnte der Bischof, nachdem er die Rezitation beendet hatte, dürfe man nicht aufschreiben, sondern müsse es auswendig

---

14 Zur Datierung auf Palmsonntag vgl. can. 13 der Synode von Agde (506; FaFo § 573).
15 Vgl. Klingshirn, Caesarius of Arles, 61f.
16 So war sie Bestandteil des *Missale Gallicanum Vetus* im cod. Vaticanus Pal. lat. 493; vgl. Leo C. Mohlberg/Leo Eizenhöfer/Petrus Siffrin, Missale Gallicanum Vetus (Cod. Vat. Palat. lat. 493), Rom 1958 (RED.F 3), 17,l.31–21,l.4 (Nr. 62–65). Zur Datierung und Lokalisierung dieses Codex vgl. URL http://www.ub.uni-heidelberg.de/digi-pdf-katalogisate/sammlung51/werk/pdf/ bav_pal_lat_493.pdf und https://elmss.nuigalway.ie/catalogue/105 (22.06.2018). Zur Parallelüberlieferung im cod. Arras, Bibliothèque municipale, 731 (683; Nordostfrankreich, 800–825), vgl. FaFo § 271b. Zur Taufvorbereitung und Tauflliturgie im gallikanischen Ritus vgl. etwa Maxwell E. Johnson, The Rites of Christian Initiation. Their Evolution and Interpretation, revised and expanded edition, Collegeville, MN 2007, 241–244.
17 Vgl. zum Folgenden *Sermo 9* (dazu FaFo § 271a).

lernen. Darum wurde es auch sogleich zweimal wiederholt. Damit hatte er es insgesamt dreimal, der Anzahl der Personen der Trinität entsprechend, rezitiert.

Nun machte sich Caesarius an die Auslegung. Zuerst ließ er sich in knappen Worten über das Verhältnis von Gott Vater und Sohn aus. Dieses scheint den Menschen in seiner Gemeinde durchaus Kopfzerbrechen bereitet zu haben, denn Caesarius betont, man solle nicht über die Art und Weise spekulieren, wie der Vater den Sohn gezeugt habe. Die Zeugung sei vielmehr biblisch eindeutig belegt und darum zu glauben, nicht zu erörtern.

Sogleich wandte sich der Bischof denn auch dem zweiten Artikel über den Sohn zu, erklärte den Namen Jesu Christi und erläuterte, warum er „eingeboren" genannt werde. Die Worte „empfangen durch den Heiligen Geist" gaben sodann Anlass zu einem kleinen Exkurs über eben jenen Geist, welcher der Schöpfer des Fleisches und Tempels des Herrn sei. Knapp begründete Caesarius, warum man den Geist als Person der Trinität ansehen müsse.

Die weitere Auslegung verschob der Prediger auf den Folgetag. Auch hielt er die Predigt nun offenbar nicht mehr selbst, sondern übertrug sie einem seiner Priester, wobei dieser anscheinend die Ausführungen seines Bischofs verlas. Die berühmte Frage, warum Pontius Pilatus im Apostolicum genannt wird, beantwortete Caesarius dahingehend, dass damit die Historizität des einen Christus im Unterschied zu falschen Heilanden eindeutig festgestellt werde. Weiterhin betonte er die Tatsächlichkeit von Tod und Auferstehung des Gottessohns. Die Auferstehung sei erst am dritten Tag erfolgt, damit so bewiesen werde, dass Christus tatsächlich gestorben sei. Bei der Diskussion des Sitzens zur Rechten wehrte er die Vorstellung ab, es könne sich um einen körperlichen Vorgang handeln. Stattdessen meine das Sitzen zur Rechten, dass es in Christus keine „Linkheit" (d.h. „Falsches" – *sinisteritas*) gebe.

Im Anschluss ging der Bischof unverzüglich zum dritten Artikel über und hob die volle Göttlichkeit des Geistes hervor. Doch auch hier verzichtete er auf ausführlichere trinitarische Überlegungen und stellte lediglich mit großem Nachdruck fest, dass alle göttlichen Personen von gleicher Macht und Würde seien. Sodann wurden die übrigen Kola des dritten Artikels genannt, aber Caesarius kommentierte nur noch das ewige Leben. Dieses stehe am Ende des Symbols, weil der Glaube durch die Ewigkeit dieses Lebens belohnt werde. Damit führe die Ordnung des Symbols den Gläubigen hinauf auf den Gipfel, wo das ewige Heil warte.

Ob unsere Gregoria mit diesen Erläuterungen zufrieden gewesen wäre? Wir wissen es nicht. Es fallen allerdings deren Kürze und Unvollständigkeit auf. Zahlreiche Kola werden nicht kommentiert: Zur Allmacht und Schöpfungstätigkeit des Vaters sagt Caesarius nichts. Jungfrauengeburt, Kreuzigung und Begräbnis scheinen ihm nicht erklärungsbedürftig zu sein. Die Ankunft Christi zum Gericht wird zwar genannt, aber nicht kommentiert. Und auch zur heiligen katholischen Kirche, der Gemeinschaft der Heiligen und der Auferstehung des Fleisches weiß er nichts zu sagen.

Das sieht in anderen Symbolerklärungen aus Spätantike und Frühmittelalter anders aus. Gerade die fleischliche Auferstehung Christi und der Gläubigen wurde viel kommentiert, aber auch die Frage, ob man auch „an" die Kirche glauben müsse oder ob die Nennung der Kirche lediglich als Erläuterung des Wirkens des Heiligen Geistes zu verstehen sei, eine Deutung, welche die Mehrheit, aber keineswegs die Gesamtheit der Bischöfe vertrat.[18]

Übrigens scheint Caesarius bei der *traditio symboli* nicht immer das Credo selbst ausgelegt zu haben. So war *Sermo 130* ausweislich seiner Überschrift ebenfalls dazu gedacht, bei diesem Anlass verlesen zu werden. Die Predigt handelt aber von dem Propheten Elisa, der als Typos Christi dargestellt wird, und ermahnt sodann die Gläubigen dazu, die „Süße der Liebe, die Reinheit des Herzens und die Keuschheit des Leibes" zu bewahren und auch die eigenen Kinder dazu anzuleiten.[19] Auch *Sermo 201* ist eine Musterpredigt für die *traditio symboli*: Sie weist die Gläubigen auf eine keusche Lebensführung in Vorbereitung auf das anstehende Osterfest hin und warnt vor dem Genuss von zu viel Alkohol bei den Festivitäten. Mit dem Symbol hat das alles nichts zu tun.

Die Katechese über die *Inhalte* des Bekenntnisses stand also am Palmsonntag nicht unbedingt im Vordergrund; wichtiger war der Ritus der Übergabe des *Textes*. Der Grund dafür liegt möglicherweise darin, dass es der Bischof nicht für notwendig befand, bei der Kindertaufe die bereits getauften Eltern und Paten noch einmal eigens zu belehren, zumal sie ja auch als Mitglieder der Gemeinde ohnehin bei jedem Tauftermin Zeuge dieser Paränese wurden. Das war in vorherigen Zeiten anders gewesen. Gleichzeitig wird aus den Predigten des Caesarius deutlich, dass sich die Funktion des Bekenntnisses gegenüber früheren Generationen im Westen allmählich verändert hatte: Das Symbol war fortan nicht mehr nur eine pragmatische Zusammenfassung der wichtigsten Glaubensinhalte – es wurde nun auch zum heiligen, ja zum magischen Text. Auf beide Punkte komme ich gleich noch zurück.

Das Symbol war also an Gregoria übergeben und ihr vielleicht auch erklärt worden. Nun sollte sie es im Geiste nach Hause tragen und täglich mehrfach

---

18 Vgl. Liuwe H. Westra, Creating a Theological Difference. The Myth of Two Grammatical Constructions with Latin *Credo*, in: StPatr XCII, 2017, 3–14.
19 *Sermo 130*, 3, Z. 12f. (Morin, CChr.SL 103, 537): [...] *et ita dulcedinem caritatis, puritatem cordis et castitatem corporis teneamus* [...]. Vgl. auch FaFo § 656f.

aufsagen, um es sich so fest einzuprägen.²⁰ Später hätte Gregoria dann vielleicht selbst Kinder gehabt und diese zur Taufe gebracht. Oder sie hätte als Patin für das Kind einer Verwandten Verantwortung übernommen. Im letzteren Fall wäre ihr die Aufgabe zugefallen, den Säugling über das Taufbecken zu halten, und sie wäre vermahnt worden, ihren Schützling im Symbol und im Herrengebet zu unterrichten.²¹ Auch wenn es ihr eigenes Kind gewesen wäre, so hätte der Bischof ihr bei der *traditio symboli* aufgetragen, ihren Sohn oder ihre Tochter, ja die ganze *familia*, also einschließlich des Gesindes, das Credo und das Vaterunser zu lehren.²²

Über die *redditio symboli*, die althergebrachte Rezitation des Bekenntnisses am Ostersamstag, erfahren wir merkwürdigerweise nichts. Auch die von Caesarius selbst einberufene Synode von Agde (506), die uns das Datum der *traditio* im Kirchenjahr verbindlich überliefert, nennt die *redditio* nicht.²³ Caesarius erwähnt eher nebenher, dass die Täuflinge, die alt genug seien, das Symbol dann selbstständig aufsagen könnten, während bei den jüngeren Kindern gegebenenfalls jemand anderes einspringen müsse.²⁴

Welche Funktion hatte nun das Bekenntnis im täglichen Leben der Gregoria? Folgt man den Predigten des Bischofs von Arles, dann war es ein täglicher Begleiter in allen Lebenslagen. So sollte es die vulgären Liebeslieder ersetzen, die unter der bäuerlichen Bevölkerung beliebt waren. Statt jener Gesänge sollten Christen lieber das Symbol, das Herrengebet, einige Antiphone und den 50. oder den 90. Psalm (bzw. in der hebräischen Bibel Ps 51 und 91) auswendig lernen und rezitieren, um so den Teufel von der Seele fernzuhalten.²⁵ Dem Bekenntnis wurde somit auch eine magische Funktion²⁶ zugeschrieben: Es schütz-

---

20 Vgl. die Belege in FaFo § 656.
21 Vgl. *Sermo 229*, 6 (FaFo § 656h).
22 Vgl. *Sermo 13*, 2 (FaFo § 656d); *Sermo 130*, 5 (FaFo § 656f).
23 Vgl. oben Anm. 14.
24 Vgl. *Sermo 130*, 5 (FaFo § 656f).
25 *Sermo 6*, 3 (FaFo § 656b). Psalm 50 (51) wurde in Arles offenbar an Pfingsten gelesen; vgl. *Sermo 211*, 1. Zur Bedeutung als Bußpsalm vgl. auch *Sermo 5*, 2; *101*, 6; *123*, 3; *134*, 5–6. Vgl. dazu auch *Vita Caesarii* 1,19 und Klingshirn, Caesarius of Arles, 184–186. Zur Popularität von Ps 50 (51) in der lateinischen Kirche allgemein vgl. Harald Buchinger, Art. Psalm (liturgisch), in: RAC 28, 2017, 459–496, 469f. Die Funktion als Amulett ist für Psalm 90 (91) breit belegt. Vgl. Christopher Page, The Christian West and Its Singers. The First Thousand Years, New Haven/London 2010, 146–154; Joseph E. Sanzo, Scriptural *Incipits* on Amulets from Late Antique Egypt. Text, Typology, and Theory, Tübingen 2014 (STAC 84), 106–120 (griechische Belege und weitere Literatur); Buchinger, Art. Psalm, 493f.
26 Bei der Verwendung des Begriffs „Magie" bevorzuge ich im Folgenden eine weite metasprachliche Definition. Zu den konzeptionellen Schwierigkeiten, die sich mit dem Begriff ver-

te vor dem Bösen. Das galt auch für andere Lebenssituationen: So war es ein weit verbreitetes böses Omen, wenn man nach dem Aufstehen niesen musste.[27] Viele gingen daraufhin wieder ins Bett, eine Praxis, über die sich schon Augustin lustig gemacht hatte.[28] Caesarius fand das weniger amüsant als vielmehr frevelhaft und schärfte seinen Zuhörern ein, man solle, wenn man sich auf den Weg mache, besser bekreuzigen und das Credo sowie das Vaterunser rezitieren – damit sei man unterwegs hinreichend geschützt.[29]

Ein Blick auf die übrigen spätantiken und frühmittelalterlichen Quellen zeigt, dass die Entwicklung in Arles kein Einzelfall ist, sondern man auch andernorts davon ausging, das Symbol besitze magische Eigenschaften.[30] Die Warnung, dem Niesen ominöse Bedeutung beizulegen, und die Aufforderung, stattdessen vor Reisen besser Bekenntnis und Vaterunser aufzusagen, wiederholten in der Mitte des 7. Jahrhunderts Eligius, Bischof von Noyon in Nordfrankreich, ein knappes Jahrhundert später ein unbekannter Prediger in derselben Gegend und schließlich in der Mitte des 9. Jahrhunderts kein geringerer als der Mainzer Erzbischof und Gefolgsmann Kaiser Lothars I., Hrabanus Maurus.[31]

---

binden vgl. Marco Frenschkowski, Art. Magie, in: RAC 23, 2010, 857–957, 873–876 und ders., Magie im antiken Christentum. Eine Studie zur Alten Kirche und ihrem Umfeld, Stuttgart 2016 (Standorte in Antike und Christentum 7), Kap. 1.
27 Vgl. dazu Dieter Harmening, Superstitio. Überlieferungs- und theoriegeschichtliche Untersuchungen zur kirchlich-theologischen Aberglaubensliteratur des Mittelalters, Berlin 1979, 81f. und Bernadette Filotas, Pagan Survivals, Superstitions and Popular Cultures in Early Medieval Pastoral Literature, Toronto 2005 (STPIMS 151), 240 mit weiteren Belegen. Ferner allgemein Paul Sartori, Art. niesen, in: HWDA VI, 1934/35, 1072–1083.
28 Vgl. *De doctrina Christiana* 2,20,31 (Martin, CChr.SL 32, 54f.).
29 *Sermo 54*, 1 (FaFo § 656e).
30 Zur spätantiken und frühmittelalterlichen magischen Praktiken im Westen vgl. Stephen McKenna, Paganism and Pagan Survivals in Spain up to the Fall of the Visigothic Kingdom, Washington 1938 (SMH.NS 1), bes. 227–254; Valerie I. J. Flint, The Rise of Magic in Early Medieval Europe, Oxford 1991; Klingshirn, Caesarius of Arles, 209–226; Caterina Lavarra, Maghi, santi e medici. Interazioni culturali nella Gallia merovingia, Galatina 1994, bes. 15–36; Valerio Neri, I marginali nell'occidente tardoantico. Poveri, „infames" e criminali nella nascente società cristiana, Bari 1998 (Munera 12), 258–286, bes. 277f., 284–286; Frenschkowski, Art. Magie, 935–941; Steven P. Marrone, A History of Science, Magic and Belief. From Medieval to Early Modern Europe, London u.a. 2015, bes. 32–81; Frenschkowski, Magie im antiken Christentum, 243–259.
31 Vgl. *Vita Eligii* 2,16 (FaFo § 668); Pseudo-Augustin, *Homilia de sacrilegiis* 8 (27; FaFo § 669b) und Hrabanus Maurus, *Homilia 43* (PL 110, 81B). Ähnlich dann auch Aelfric, *Sermo in laetania maiore (De auguriis)*, Z. 96–99 (Skeat, EETS 76, 370f.); dazu Helen Foxhall Forbes, Heaven and Earth in Anglo-Saxon England. Theology and Society in an Age of Faith, Farnham/Burlington, VT 2013 (Studies in Early Medieval Britain), 82.

Dass das Bekenntnis und Vaterunser nicht einfach nur als Texte zur Tröstung und Stärkung vor beschwerlichen Reisen, sondern tatsächlich als magische Formeln angesehen wurden, belegen auch die Schriften jenes Martin, der in der zweiten Hälfte des 6. Jahrhunderts den Bischofssitz in der spanischen Stadt Braga (heute in Nordportugal gelegen) innehatte. Martin schilt in einer Missionspredigt seine Zuhörer, sie hätten die „heilige Zauberformel", nämlich Symbol und Vaterunser, aufgegeben und stattdessen „diabolische Zauberformeln und Sprüche" verwendet.[32] Ein Beispiel für die von Martin gerügte Praxis ist uns auf einem Schiefertäfelchen aus Asturien aus dem 8. oder 9. Jahrhundert erhalten, welches einen ausführlichen Zauberspruch gegen Hagelschlag mit einer eigenartigen Mischung aus paganen und christlichen Elementen enthält.[33] Die Verwendung derartiger Sprüche ist für Martin inakzeptabel. Wer nämlich die von Zauberern erfundenen Formeln verwende, habe die „heilige Zauberformel des Symbols und des Herrengebets", die er im Glauben an Christus empfangen hatte, fahren gelassen und den Glauben zertreten, denn man könne nicht Gott und dem Teufel zugleich dienen.[34] Dies bezog sich, wie eine spanische Sammlung von Kanones aus derselben Zeit belegt, die bis ins Hochmittelalter hinein immer wieder zitiert wurde, konkret etwa auf das Sammeln von Heilkräutern, die mit speziellen Formeln „besprochen" wurden, um ihre Wirk-

---

32 *De correctione rusticorum* 16,6, Z. 29–36 (FaFo § 660 = Naldini, BPat 19, 68; vgl. Sabbah u.a., SC 594, 266–268 [Z. 26–30]): *Similiter dimisistis incantationem sanctam, id est symbolum, quod in baptismo accepistis, quod est: Credo in deum, patrem omnipotentem, et orationem dominicam, id est: Pater noster, qui es in caelis, et tenetis diabolicas incantationes et carmina.* Vgl. dazu auch Filotas, Pagan Survivals, 257.
33 Vgl. Juan Manuel Abascal/Helena Gimeno, Epigrafía hispánica. Catálogo del Gabinete de Antigüedades, Madrid 2000 (Publicaciones del Gabinete de Antigüedades de la Real Academia de la Historia 1/Antigüedades 1), 337–339 (Nr. 547); Isabel Velázquez Soriano, Las pizarras visigodas (Entre el latín y su disgregación. La lengua hablada en Hispania, siglos VI–VIII), o.O. [Burgos] 2004 (Colección Beltenebros 8), 368–384 (Nr. 104). Zum Kontext vgl. auch Francisco Javier Fernández Nieto, A Visigothic Charm from Asturias and the Classical Tradition of Phylacteries Against Hail, in: Richard L. Gordon/Francisco Marco Simón (Hgg.), Magical Practice in the Latin West. Papers from the International Conference Held at the University of Zaragoza 30 Sept.–1 Oct. 2005, Leiden/Boston 2010 (RGRW 168), 551–599; Isabel Velázquez Soriano, Between Orthodox Belief and ‚Superstition' in Visigothic Hispania, in: Gordon/Simón 2010, 601–627.
34 *De correctione rusticorum* 16,7, Z. 36–40 (Naldini, BPat 19, 68–70; vgl. Sabbah u.a., SC 594, 268 [Z. 32–36]): *Similiter et qui alias incantationes tenet a magis et maleficis adinventas, incantationem sanctam symboli et orationis dominicae, quae in fide Christi accepit, amisit et fidem Christi inculcavit, quia non potest et deus simul et diabolus coli.*

kraft zu erhöhen.³⁵ In hochmittelalterlicher Zeit wurde diese Praxis mit einer Kirchenbuße von zehn Tagen Fasten bei Wasser und Brot belegt.³⁶

Auch in einer Predigt, die wohl aus Nordfrankreich aus dem frühen 8. Jahrhundert stammt, heißt es, wer statt Symbol und Herrengebet pagane Zaubersprüche verwende, sei kein Christ, sondern ein Heide.³⁷ Wohl gemerkt besteht hier der Gegensatz nicht zwischen magischer Formel und heiligem Credo, sondern zwischen heidnischem und christlichem Zauberspruch!³⁸ Dabei standen

---

35 Vgl. *Capitula Martini episcopi Bracarensis*, cap. 74 (FaFo § 576). Die Vorschrift wurde von mittelalterlichen Theologen häufig wiederholt. Vgl. etwa Halitgar von Cambrai, *De vitiis et virtutibus et de ordine poenitentium* 4,26 (PL 105, 686A); Hrabanus Maurus, *Poenitentium liber ad Otgarium* 24 (PL 112, 1418A); Radulf von Bourges, Kapitular 38 (MGH.CE 1, 262, Z. 22–263, Z. 2); Hinkmar von Reims, *De divortio Lotharii regis et Theutbergae reginae* 17 (MGH.Conc 4, Suppl. 1, 216, Z. 6–8); Pseudo-Isidor, *Decreta, Capitula Martini*, 74 (PL 130, 587A; http://www.pseudoisidor.mgh.de/html/121.htm; 22.09.2018); Regino von Prüm, *De synodalibus causis et disciplinis ecclesiasticis* 2,5,52; 2,374 (Reginonis Abbatis Primiensis Libri duo De synodalibus causis et disciplinis ecclesiasticis, ed. Friedrich Wilhelm Wasserschleben, Leipzig 1840, 213, 357f.); Burchard von Worms, *Decreta* 1,94 (PL 140, 836B), *Interrogatio* 51 (PL 140, 577A); Ivo von Chartres, *Decretum* 11,47 (PL 161, 756D–757A). Ferner McKenna, Paganism, 102f.; Harmening, Superstitio, 227; Joyce E. Salisbury, Iberian Popular Religion 600 B.C. to 700 A.D. Celts, Romans and Visigoths, New York/Toronto 1985 (TSR 20), 242; Flint, Rise of Magic, 240–253, 301–328; Klingshirn, Caesarius of Arles, 221f.; Filotas, Pagan Survivals, 96; Marrone, History, 51.
36 Burchard von Worms 10,20 (= 19,5,6, Emil Friedberg, Aus Deutschen Bussbüchern. Ein Beitrag zur deutschen Culturgeschichte, Halle 1868, 85 = Friedrich Wilhelm Wasserschleben, Die Bussordnungen der abendländischen Kirche nebst einer rechtsgeschichtlichen Einleitung, Halle 1851, 644 [Corrector, cap. 56; mit kleinen Varianten] = Joseph Hansen, Quellen und Untersuchungen zur Geschichte des Hexenwahns und der Hexenverfolgung im Mittelalter. Mit einer Untersuchung der Geschichte des Wortes Hexe von Johannes Franck, Bonn 1901, 42 (§ 65[56]): *Collegisti herbas medicinales cum aliis incantationibus [quam] symbolo et Dominica oratione, id est cum Credo in Deum et Pater noster cantando. Si aliter fecisti, decem dies in pane et aqua poeniteas.* Dazu Harmening, Superstitio, 224f. mit weiteren Quellen. – Wer eine Versammlung mit einer *incantatio* statt mit Vaterunser und Credo begann, musste sogar vierzig Tage fasten: Vgl. *Poenitentiale Ps.-Egberti* 2,23 (PL 89, 419D): *Non fiat congregatio cum aliqua incantatione, nisi cum Pater noster et cum Credo, vel cum aliquibus precibus quae ad Deum pertinent. Si quis hanc rem vanam committat, resipiscat et confiteatur, et jejunet quadraginta dies [...].* Dazu Filotas, Pagan Survivals, 284.
37 Ps.-Augustin, *Homilia de sacrilegiis* 4 (14; FaFo § 669a): *Quicumque super sanctum symbolum et orationem dominicam carmina aut incantationes paganorum dicit, [...] iste non Christianus, sed paganus est.*
38 So auch Harmening, Superstitio, 224f. Weitere Quellen auch bei Foxhall Forbes, Heaven and Earth, 84f.

auch in diesem Text die medizinischen Wirkungen der Formeln im Vordergrund.[39]

Wie bereits im Fall des Caesarius erwähnt, haben die Bischöfe nachhaltig davor gewarnt, das Bekenntnis niederzuschreiben, auf dass es nicht Uneingeweihten und Christenfeinden in die Hände falle, die damit ein böses Spiel treiben könnten. Die Zahl der einschlägigen Mahnungen ist Legion.[40] Die erhaltenen Niederschriften in den frühmittelalterlichen Codices stammen – abgesehen von liturgischen Büchern – mutmaßlich alle aus Schulbüchern für die Ausbildung des Klerus oder aus Handreichungen für Priester, nicht aber für bzw. von Laien.[41] Wenn uns die Überlieferung keinen Streich spielt, scheint man sich also im Westen ganz überwiegend an das Verbot der Aufzeichnung des Credo gehalten zu haben. Es ist darum vielleicht kein Zufall, dass sich – anders als im Osten[42] – aus dem Westen keine Amulette mit Credoversen auf Papyrus- und Pergamentstreifen, Ostraka und Holztäfelchen erhalten haben. Vielmehr wurde

---

39 Ähnliches galt auch für die Heilkraft der Eucharistie. Vgl. für Arles Klingshirn, Caesarius of Arles, 162f., 222.
40 Vgl. die Belege bei Wolfram Kinzig, Glaubensbekenntnis und Entwicklung des Kirchenjahres, in: ders./Ulrich Volp/Jochen Schmidt (Hgg.), Liturgie und Ritual in der Alten Kirche. Patristische Beiträge zum Studium der gottesdienstlichen Quellen der Alten Kirche, Leuven/Walpole 2011 (PatSt 11), 3–41, 17, Anm. 54 (= Kinzig, Neue Texte, 340, Anm. 54; englische Fassung).
41 Vgl. zu diesen Gattungen Susan A. Keefe, Water and the Word. Baptism and the Education of the Clergy in the Carolingian Empire, 2 Bände, Notre Dame, IN 2002 (PMS), Band I, 23–26, 28–35; Carine van Rhijn, The Local Church, Priests' Handbooks and Pastoral Care in the Carolingian Period, in: Chiese locali e chiese regionali nell'alto medioevo, 2 Bände, Spoleto 2014 (SSAM 61), Band II, 689–710; Steffen Patzold, *Pater noster*. Priests and the Religious Instruction of the Laity in the Carolingian *populus christianus*, in: Steffen Patzold/Carine van Rhijn (Hgg.), Men in the Middle. Local Priests in Early Medieval Europe, Berlin/Boston 2016 (RGA.E 93), 199–221; Carine van Rhijn, Manuscripts for Local Priests and the Carolingian Reforms, in: Patzold/van Rhijn, Men in the Middle, 177–198; dies., Carolingian Rural Priests as Local (Religious) Experts, in: Steffen Patzold/Florian Bock (Hgg.), Gott handhaben. Religiöses Wissen im Konflikt um Mythisierung und Rationalisierung, Berlin/Boston 2016, 131–146; Wolfram Kinzig, Formation des Glaubens. Didaktische und liturgische Aspekte der Rezeption altkirchlicher Symbole in der lateinischen Kirche der Spätantike und des Frühmittelalters, in: Uta Heil/Volker Drecoll (Hgg.), Formation of European Christianity in Late Antiquity and the Early Middle Ages, Internationale Tagung vom 6.–8. April 2017 in Wien, 2019 (im Druck).; ders., Warum es im Glaubensbekenntnis keine Ethik gibt. Überlegungen aus kirchenhistorischer Perspektive, Journal for Ethics in Antiquity and Christianity, 2019 (erscheint demnächst online).
42 Vgl. dazu die Beispiele in FaFo § 135c (Anmerkung; Symbol von Nizäa); 184e5 (Anmerkung; Symbol von Konstantinopel). Freilich wären die Beispiele jeweils auf ihre konkrete Verwendung genauer zu untersuchen.

hier das Symbol offenbar weithin wie ein Zauberspruch behandelt, der nur Eingeweihten in mündlicher Überlieferung zugänglich war.

II Die Entstehung des Apostolischen Glaubensbekenntnisses

Als Zwischenergebnis ist festzuhalten: In Spätantike und Frühmittelalter wurde der Glaube in der lateinischen Kirche in erster Linie durch das Apostolische Glaubensbekenntnis beschrieben und normiert. Diesem heiligen Text schrieb man eine besondere Kraft zu, denn er schützte auf Reisen und diente zur Heilung bei Krankheiten. Ganz offensichtlich liegt dieser Verwendung eine massive Sakralisierung des Bekenntnisses zugrunde, die ihrerseits zu einer „Magifizierung" führte: Das Bekenntnis, welches den Zugang zum Heil eröffnete und darum als heilig galt, entfaltete eben dadurch eine besondere Zauberkraft, die man sich in unterschiedlichen Kontexten zunutze machen konnte.

Diese ohnehin für uns einigermaßen befremdlichen Vorstellungen sind zusätzlich erklärungsbedürftig, wenn wir uns daran erinnern, dass das Christentum zu Beginn ganz ohne Symbol ausgekommen ist. Ich frage also in diesem Abschnitt, wie sich der Sitz im Leben des Bekenntnisses, welchen wir für Arles am Beginn des 6. Jahrhunderts rekonstruieren können, zum älteren Gebrauch des Symbols verhält.

In den ersten drei Jahrhunderten war das Bekenntnis offenbar noch nicht formelhaft fixiert, jedenfalls nicht in der Form, in der wir es heute kennen, also als ein deklaratorisches Bekenntnis zum dreieinigen Gott. Ältere Theologengenerationen, zu denen auch der berühmte Namensgeber dieser Vorlesung zählt, waren hier noch anderer Meinung. Aber in den letzten Jahrzehnten hat man die Suche nach einem „Ursymbol", welches in früheste christliche Zeit zurückreiche, weithin aufgegeben.[43]

Tauffragen, die sich auf den persönlichen Glauben des Täuflings bezogen, hat es freilich schon früher gegeben.[44] Sie waren aber nach allem, was wir wissen, deutlich kürzer als die späteren deklaratorischen Bekenntnisse. Daneben liefen unter Theologen seit dem Ende des 2. Jahrhunderts Summarien um, welche die wichtigsten dogmatischen Grundaussagen des christlichen Glaubens zusammenfassten. Diese Summarien dienten als eine Art Maßstab in der Auseinandersetzung mit religiösen Dissidenten, vor allem mit Markion und den Gnostikern, aber auch in den frühen Debatten um das richtige Verständnis des Verhältnisses von Gott Vater und Sohn; man bezeichnete sie darum auch als

---

43 Vgl. hierzu zusammenfassend Wolfram Kinzig/Markus Vinzent, Recent Research on the Origin of the Creed, JThS 50 (1999), 535–559.
44 Belege in FaFo, Band I, Kap. 5.

„Richtschnur des Glaubens" (κανὼν τῆς πίστεως/*regula fidei*) oder „Richtschnur der Wahrheit" (κανὼν τῆς ἀληθείας/*regula veritatis*). Sie lagen im Einzelnen noch nicht völlig fest, wiesen aber im Allgemeinen bereits eine trinitarische Grundstruktur auf.

Über fixierte Symbole in Aussageform haben wir eigentlich erst seit dem 4. Jahrhundert eindeutige Nachrichten. Dieses Jahrhundert, beginnend mit den arianischen Streitigkeiten, die zum I. Ökumenischen Konzil von Nizäa 325 und dem dortigen sog. Nizänischen Bekenntnis führten, war *das* Jahrhundert der Bekenntnisproduktion. Zu keiner Zeit früher oder später wurden mehr Glaubensformeln aufgestellt und verworfen als in den Jahren zwischen 325 und dem II. Ökumenischen Konzil von Konstantinopel 381, auf dem das Bekenntnis von Nizäa seine heute gültige Fassung erhielt. Dieses Bekenntnis von Konstantinopel setzte sich im Osten als das maßgebliche Bekenntnis durch.

Im Westen hatte sich freilich um die Mitte des 4. Jahrhunderts bereits ein eigenes Symbol etabliert, welches offenbar aus Rom stammt und darum „römisches Bekenntnis" genannt wird. Wann es entstanden ist und wie Vorformen ausgesehen haben könnten, ist strittig und lässt sich vielleicht nicht eindeutig klären.[45] Infolge des Einflusses Roms im lateinischen Teil des Römischen Reiches verbreitete sich dieses Bekenntnis in ganz Westeuropa, wurde dabei immer wieder leicht modifiziert und erhielt in der Zeit der Karolinger im Wesentlichen die Gestalt, unter der wir es heute als „Apostolisches Glaubensbekenntnis" kennen.

Warum hat man das Bekenntnis in Westen wie Osten fixiert? Drei Gründe sind hier vor allem namhaft zu machen: Erstens machten die trinitarischen Auseinandersetzungen im Osten des Römischen Reiches deutlich, dass die *regula fidei* mit ihren noch fluiden Formulierungen nicht mehr ausreichte, um Missverständnisse in der Gotteslehre zu vermeiden. Die gestiegene philosophische Bildung unter den Theologen ermöglichte immer differenziertere Darstellungen. Daher kam es nun auf sehr präzise Begrifflichkeiten an. In der Zeit zwischen dem I. und dem II. Ökumenischen Konzil haben die Bischöfe unter teilweise hohem persönlichem Einsatz um diese Präzision gerungen. Sie wurde deshalb als notwendig empfunden, weil es in der Frage, wie die Gottheit Jesu Christi und dann auch die des Heiligen Geistes beschaffen war, letztlich um die Frage ging,

---

45 Knapper Überblick über den derzeitigen Diskussionsstand bei Adolf Martin Ritter, Die altkirchlichen Symbole. Texte und Kontext, in: Irene Dingel (Hg.), Die Bekenntnisschriften der Evangelisch-Lutherischen Kirche. Quellen und Materialien, Band I: Von den altkirchlichen Symbolen bis zu den Katechismen Martin Luthers, Göttingen 2014, 3–34, 7. Hinzuzunehmen wäre jetzt noch Kinzig, Neue Texte, 269–291.

auf welche Weise denn Gott die Menschen gerettet habe. Wenn man hier theologisch falsche Wege ging, so die weit verbreitete Ansicht, war das persönliche Seelenheil in unmittelbarer Gefahr. Das Bekenntnis von Konstantinopel 381 war der vorläufige Endpunkt dieser Entwicklung. Hinzu kam, zweitens, erheblicher politischer Druck von Seiten der Kaiser, die in einem zerstrittenen Episkopat eine Gefahr für die Stabilität des Reiches sahen. Schon Konstantin der Große glaubte in Nizäa bekanntlich, er könne Einheit unter den Bischöfen dadurch erreichen, dass er sie zur Unterschrift unter einer Glaubensformel, die als Kompromissdokument gedacht war, bewog, und seine Nachfolger bedienten sich derselben Strategie.[46] Schließlich nahm, drittens, die Zahl der Konvertiten zum Christentum im Gefolge der Konstantinischen Wende erheblich zu. Wollte man ein einigermaßen einheitliches Glaubenswissen unter den Neubekehrten sicherstellen, bedurfte es dazu ebenfalls griffiger Formeln, die sie vor der Taufe auswendig lernen konnten.

Im Westen hat sich das Bekenntnis von Konstantinopel in der Spätantike in der Breite nie wirklich durchgesetzt. Man führte es zwar in vielen Gegenden in die Taufliturgie ein, aber die dahinterstehende Ontologie mit ihren philosophischen Termini war den Römern unvertraut und in gewisser Weise auch suspekt. Dies kann man daran erkennen, dass die zahlreichen erhaltenen Symbolauslegungen nie das Bekenntnis von Konstantinopel, sondern immer das Apostolicum (oder eine Variante davon) auslegen. Der Grund ist eindeutig: Das Apostolicum ist wesentlich schlanker als die griechischen Bekenntnisse des 4. Jahrhunderts, verzichtet auf komplizierte terminologische Festlegungen und ist darum auch Menschen ohne beträchtliche theologische Vorbildung oder Neugierde zugänglich. Dieses Bekenntnis fand demnach weniger in dogmatischen Auseinandersetzungen als vor allem in der Mission und – damit eng verbunden – der Taufkatechese seinen Ort.

Seine besondere sakrale Dignität verdankte dieser Text der Auffassung, dass er letztlich auf die Apostel zurückgehe. Es dürfte kein Zufall sein, dass just zur selben Zeit, als uns die ersten Belege für eine magische Verwendung des Symbols begegnen, die Vorstellung aufkam, der Ursprung des Glaubensbekenntnisses reiche bis in die Anfangszeit des Christentums zurück, ja das Symbol sei von den Aposteln selbst aufgesetzt worden. Bevor diese auseinander gegangen seien, um zu missionieren, hätten sie sich getroffen, und jeder habe einen Vers dazu beigetragen, um die Einheitlichkeit der christlichen Lehre sicher zu stellen. Die Vorstellung, dass die einheitliche Lehre des christlichen

---

46 Vgl. dazu Wolfram Kinzig, Herrschaft und Bekenntnis. Überlegungen zur imperialen Normierung des christlichen Glaubens in der Spätantike, HZ 303 (2016), 621–642.

Glaubens letztlich apostolischen Ursprungs sei, reicht zwar ins späte 1. Jahrhundert zurück.[47] Aber sie wird erst an der Wende vom 4. zum 5. Jahrhundert mit der Idee eines Apostelkonzils zur Weitergabe eines festen Bekenntnisses verknüpft. Bei Ambrosius deutet sich das bereits an;[48] bei Rufin ist es dann um 404 erstmals voll entfaltet und klingt folgendermaßen:

> „Einer alten Überlieferung zufolge gab der Herr den Aposteln den Auftrag, sie sollten nach seiner Himmelfahrt, sobald sich durch die Ankunft des Heiligen Geistes auf jeden von ihnen feurige Zungen niedergelassen hätten, so dass sie in ganz unterschiedlichen Sprachen redeten, durch welche Gabe ihnen kein Volk mehr fremd und keine Sprache der Barbaren mehr unerreichbar und unzugänglich wäre [vgl. Act 2,1–11], einzeln zu den verschiedenen Nationen hinausziehen, um ihnen das Wort Gottes zu predigen [vgl. Act 1,8]. Als sie nun im Begriff waren, voneinander zu scheiden, stellten sie sich vorher gemeinsam eine Norm ihrer zukünftigen Predigt auf, damit sie nicht etwa, wenn der eine vom anderen getrennt wäre, denen, welche zum christlichen Glauben eingeladen werden sollten, unterschiedliche (Lehren) vortrügen. Indem so alle vereint und vom Heiligen Geist erfüllt ihre gemeinsamen Überzeugungen zusammenstellten, trugen sie, wie wir sagten, jenes kurze Erkennungszeichen ihrer zukünftigen Predigt zusammen, stellten so in einem Text zusammen, was jeder für richtig hielt, und beschlossen, diese Richtschnur den Gläubigen zu geben."[49]

Später werden die einzelnen Verse des Bekenntnisses jeweils einem Apostel zugeschrieben. Die ältesten Zeugen für diese Zuschreibung gehören möglicherweise in das 7. Jahrhundert,[50] in eine Zeit, in der das Symbol schon nahezu unsere heutige Form angenommen hatte.

Wenn allerdings das Glaubensbekenntnis von den Aposteln selbst stammte, die ausweislich der Apostelgeschichte auch Wundertäter gewesen waren (vgl.

---

47 Vgl. 1 Clem 42,2–3 (FaFo § 348).
48 Vgl. Ambrosius, *Explanatio symboli* 2–3, 7–8 (FaFo §§ 351; 15a2).
49 *Expositio symboli* 2 (FaFo § 18): Tradunt maiores nostri, quod post ascensionem domini, cum per adventum sancti spiritus supra singulos quosque apostolos igneae linguae sedissent, ut loquelis diversis variisque loquerentur, per quod eis nulla gens extera, nulla linguae barbaries inaccessa videretur et invia, praeceptum eis a domino datum ob praedicandum dei verbum ad singulas quasque proficisci nationes. Discessuri itaque ab invicem normam prius futurae sibi praedicationis in commune constituunt, ne forte alius alio abducti diversum aliquid his, qui ad fidem Christi invitabantur, exponerent. Omnes igitur in uno positi et spiritu sancto repleti breve istud futurae sibi, ut diximus, praedicationis indicium conferendo in unum quod sentiebat unusquisque componunt atque hanc credentibus dandam esse regulam statuunt. (Übers. Brüll, BKV 1/13 21f.; geändert).
50 So in der *Collectio Vetus Gallica* (FaFo § 373) und im Missale von Bobbio (FaFo § 375). Älter ist möglicherweise der anonyme Traktat *De fide trinitatis quomodo exponitur* (CPL 1762; FaFo § 1762).

Act 2,43), lag natürlich der Gedanke nicht fern, dass dem von ihnen verfassten Text ebenso wundertätige Kraft innewohnen könne. Dieser Gedanke wurde noch durch den feierlichen Ritus der *traditio* bzw. *redditio symboli*, den ich bereits oben skizziert habe, verstärkt. Schon der Begriff *symbolum* dürfte aus den Mysterienreligionen stammen und dort eine Art „Passwort" bzw. „Initiationswort" gewesen sein, mit dem der Myste nachweisen konnte, dass er in den jeweiligen Kult eingeweiht war.[51] Ganz ähnlich verhielt es sich mit dem christlichen Symbol. Es war eine Zusammenfassung des christlichen Glaubens, aber es war ebenso ein Passwort, dessen Kenntnis die Zulassung zum eucharistischen Gottesdienst und die darin zelebrierten Mysterien eröffnete.[52] Rufin liefert uns auch hierfür die erste Erklärung:

> „Schließlich macht man, wie es heißt, in Bürgerkriegen folgende Beobachtung: Da die Waffenrüstung gleich, der Klang der Stimme derselbe, das Verhalten identisch und die Art der Kampfführung übereinstimmend ist, geben die einzelnen Führer ihren Soldaten unterschiedliche Symbole (Erkennungszeichen), die auf Lateinisch als *signa* oder *indicia* bezeichnet werden, damit nicht eine hinterlistige Täuschung stattfinden könne; der Zweck ist der, dass, wenn man zufällig auf jemanden stößt, an dessen Identität man zweifelt, dieser, nach dem Symbol gefragt, sofort sich ausweist als Feind oder Freund. Letztlich aber haben die Apostel diesen (Text) darum nicht zur Aufzeichnung auf Papier oder Pergament, sondern zur Aufbewahrung in den Herzen (der Gläubigen) [vgl. II Kor 3,3] übergeben, damit sichergestellt sei, dass niemand diesen aus einer Lektüre, wozu ja zuweilen auch Heiden Gelegenheit zu finden pflegen, sondern aus der Überlieferung der Apostel erlernt habe."[53]

Dieser Legende zufolge wurde also dieses Passwort zu den heiligen Mysterien von den Aposteln verfasst und „übergeben", womit nicht nur der Text des Symbols selbst, sondern auch der *Ritus* der *traditio* auf die Apostel zurückgeführt wurde.

Seiner Bedeutung entsprechend war die Übergabe wie die Rezitation des Symbols einer Zeit erhöhter religiöser „Betriebstemperatur" im Jahreskreislauf zugeordnet: dem Ende der vorösterlichen Fastenzeit. Durch eine entsprechende

---

51 Vgl. die Belege in FaFo, Kap. 4.1.
52 Vgl. Kinzig, Neue Texte, 317.
53 *Expositio symboli* 2 (FaFo § 18): [...] *Denique et in bellis civilibus hoc observari ferunt: Quoniam et armorum habitus par et sonus vocis idem et mos unus est atque eadem instituta bellandi, ne qua doli subreptio fiat, symbola discreta unusquisque dux suis militibus tradit, quae Latine vel signa vel indicia nominantur, ut si forte occurrerit quis, de quo dubitetur, interrogatus symbolum, prodat, si sit hostis an socius. Idcirco denique haec non scribi cartulis aut membranis, sed retineri cordibus tradiderunt, ut certum esset neminem haec ex lectione, quae interdum pervenire etiam ad infideles solet, sed ex apostolorum traditione didicisse.* (Übers. Brüll, BKV 1.13 22f.; geändert)

rhetorische Umrahmung, wie wir sie bei Caesarius gesehen hatten, wurde die Bedeutung der *traditio* noch unterstrichen. Diese Sakralisierung konnte durch solenne Riten zusätzlich hervorgehoben werden. So scheint man in bestimmten Gegenden Galliens zu Beginn des 7. Jahrhunderts die *traditio symboli* so gestaltet zu haben, dass der Priester eine schriftliche Fassung des Symbols feierlich auf ein Bett aus Federn oder auf ein weißes Tuch neben das zu segnende Chrisam und einen mit einem roten Tuch bedeckten Evangeliencodex auf die Chorschranke (*cancellum*) der Kirche legte.[54]

Wie man an diesem Zeugnis erkennen kann, war die Sakralisierung nicht allein auf das Symbol beschränkt. Die Evangelien gehörten ebenso dazu – auch sie wurden den Gläubigen in einem eigenen liturgischen Akt „eröffnet". Aber im Unterschied zum Symbol blieben die Evangelien den normalen Gläubigen unerreichbar: Nach allem, was wir wissen, war der private Besitz von Bibeln ganz ungewöhnlich, und nicht einmal Priester verfügten im Frühmittelalter im Allgemeinen über eine Vollbibel.[55] Die Kenntnis über den christlichen Gott wurde stattdessen maßgeblich über das Symbol vermittelt. Die Übergabe des Vaterunsers im Anschluss an das Symbol ermöglichte es schließlich den Gläubigen, mit diesem Gott der Christen auch in Kontakt zu treten.

Das Symbol war somit durch Wundertäter autorisiert und wurde den Gläubigen in einem feierlichen Ritus unter dem Siegel der Verschwiegenheit übergeben. Kaum verwunderlich also, dass man diesem Text eine besondere Bedeutung beimaß. Das Apostolicum definierte, was christlicher Glaube zu sein habe, wobei es – anders als das Bekenntnis von Konstantinopel – vergleichsweise viel Spielraum ließ. Aber als solches war es sakrosankt und spielte in der Spätantike – neben dem Vaterunser – im Leben und Denken der Gläubigen eine wesentlich größere Rolle als die Bibel.

---

54 Vgl. Pseudo-Germanus von Paris, *Epistula secunda de communi officio* 7 (FaFo § 662).
55 Vgl. Kinzig, Formation. Zur Produktion und Verbreitung von Vetus Latina- bzw. Vulgata-Bibeln im Frühmittelalter vgl. Pierre-Maurice Bogaert, The Latin Bible, c. 600 to c. 900, in: Richard Marsden/E. Ann Matter (Hgg.), The New Cambridge History of the Bible, Band II: From 600 to 1450, Cambridge 2012, 69–92 und Hugh A.G. Houghton, The Latin New Testament. A Guide to its Early History, Text, and Manuscripts, Oxford 2016, 43–95. Aus diesen Überblicken wird deutlich, dass Voll- oder Teilbibeln im hier betrachteten Zeitraum in erster Linie entweder Repräsentationsobjekte oder Studienbücher im Rahmen monastischer Gelehrtenkultur gewesen sind.

III Das Glaubensbekenntnis im Frühmittelalter

Wir hatten gesehen: Gregoria begegnete dem Symbol in ganz unterschiedlichen Zusammenhängen: bei der Taufe, in der Familie, im eigenen, privaten Leben. Wie haben sich diese Sitze im Leben in der Folgezeit verändert? Weiterhin wird das Symbol als heiliger, ja magischer Text angesehen. Weiterhin findet das Symbol bei der Taufvorbereitung Verwendung: Es wird den Täuflingen „übergeben", und es wird „zurückgegeben". Aber infolge der Durchsetzung der Kindertaufe verändern sich die Dinge. Säuglinge können das Bekenntnis noch nicht lernen, die Eltern und Paten treten an ihre Stelle, die aber das Symbol bereits kennen; jedenfalls wird das vorausgesetzt. Teilweise übernehmen daher sie die Rezitation des Bekenntnisses, teilweise übernimmt diese Rolle nun auch der Bischof, der Priester oder ein Akolyth.[56]

Auffällig ist auch, dass sich die Predigt über das Glaubensbekenntnis zusehends verengt. Das heißt nicht, dass nicht mehr gepredigt wird – im Gegenteil: In den letzten Jahren haben Forscherinnen und Forscher zahlreiche neue *Expositiones symboli* aus frühmittelalterlicher Zeit in den Handschriften ausfindig gemacht und publiziert. Aber „neu" ist hier ein relativer Begriff. Die alten Auslegungen, die des Ambrosius und Rufins, aber auch die Augustins sowie die Schrift Isidors von Sevilla *De origine officiorum* (*De ecclesiasticis officiis*) dienen als theologischer Fundus, aus dem man sich bedient – da ist kaum ein Funken von Originalität. Es geht nicht um Entdeckung von Neuem, sondern um Repetition von Altbekanntem anhand von wenigen Stichworten.

Darüber hinaus betrifft die Sakralisierung und letztlich auch Magifizierung nur einen Ausschnitt der biblischen Botschaft. Die Gebote Jesu werden nicht in gleicher Weise kodifiziert und liturgisch eingebettet. Es wäre ja denkbar gewesen, dass man neben Symbol und Vaterunser auch die Zehn Gebote oder das Doppelgebot der Liebe (Mk 12,29–31 parr.) als Anleitung für eine christliche Lebensführung feierlich übergeben hätte. Aber das ist nicht der Fall. Wie christliches Leben auszusehen hatte, das erfuhr man – außerhalb der eigenen Familie – in erster Linie, wenn man auf die (hoffentlich vorbildliche) Lebensführung des Priesters blickte und seiner Paränese in der Predigt lauschte.[57] (Wenn man sich allerdings die frühmittelalterliche Predigt insgesamt anschaut, so regen sich doch erhebliche Zweifel, wie intensiv diese Paränese gewesen ist, ja ob in den Nachfolgereichen des weströmischen Reichs überhaupt flächendeckend

---

56 Vgl. Kinzig, Formation.
57 Vgl. Kinzig, Ethik.

gepredigt wurde.⁵⁸) So konzentrierte sich die Belehrung bei der *traditio* auf die Trinitätslehre und das Gebet. Damit wurde freilich das biblische Zeugnis in bedenklicher Weise verkürzt. Die Formierung des christlichen Glaubens, wie sie sich in der Ausbildung des Apostolicums vollzieht, ging also mit einem geistlichen Verlust einher.

Gleichzeitig finden sich im Mittelalter neue Entwicklungen: Am offenkundigsten ist, dass das Credo ästhetisiert wird: Es wird in Musik und im Bild dargestellt. Das Bekenntnis, welches in erster Linie gesungen wird, ist das Bekenntnis von Konstantinopel, das sich zum eigentlichen Messsymbol entwickelt.⁵⁹ Aber es gibt auch Hinweise, dass man wenigstens zeitweise und an einigen Orten das Apostolicum gesungen hat. Faustus von Riez sieht in ihm um 475 ein „heilsbringendes Gedicht" (*symboli salutare carmen*).⁶⁰ Der unbekannte Verfasser eines *Sermo de symbolo* aus etwa der gleichen Zeit spricht davon, die Apostel hätten die Verse des Bekenntnisses „gesungen" (*cantare*).⁶¹ Beda Venerabilis mahnt im Jahre 734 in einem Brief an Bischof Egberht von York, die einfachen Gläubigen müssten dazu angehalten werden, das Bekenntnis in ihrer eigenen Sprache jeden Morgen als geistliches Gegenmittel gegen das Gift des Teufels zu singen (*decantare*).⁶² Hier verstärkt der Gesang offenbar die magische Wirkung, welche nun auch den volkssprachlichen Versionen des Credo zugeschrieben wird!⁶³ Im Frankenreich werden Apostolicum und das Vaterunser ebenfalls gesungen, wie sich den Schriften Alkuins⁶⁴ und des Bischofs von Metz, Amalarius,⁶⁵ entnehmen lässt. Wie das im Einzelnen ausgesehen hat, ob es sich tatsächlich um eine kräftige Melodie, einen rezitativartigen Sprechgesang oder eher ein halblautes Murmeln oder Summen gehandelt hat, entzieht sich unserer Kenntnis. In Sankt Galler Codices aus dem 11. Jahrhundert haben wir Beispiele

---

58 Vgl. Kinzig, Formation.
59 Vgl. Josef A. Jungmann, Missarum sollemnia. Eine genetische Erklärung der römischen Messe, 2 Bände, 5. Aufl., Wien u.a. 1962, Band I, 591–606; Kinzig, Neue Texte, 323f.
60 *De spiritu sancto* 1,1 (FaFo § 363).
61 *Sermo de symbolo* 4 (CPL 1759; FaFo § 357).
62 *Epistula ad Egbertum* 5 (FaFo § 584).
63 Die letztere Beobachtung verdanke ich Frau Prof. Dr. Susanne Daub (Jena).
64 Vgl. etwa *Epistula 23* (an Felix von Urgel; FaFo § 702c). Weitere Belege bei Wilhelm Levison, England and the Continent in the Eighth Century, Oxford 1946 (The Ford Lectures 1943), 320, Anm. 2.
65 *Epistula ad Carolum imperatorem de scrutinio et baptismo* 40 (FaFo § 782a2). Vgl. auch Amalarius, *Ordinis missae expositionis* I, 9 (FaFo § 850), wo allerdings das Bekenntnis von Konstantinopel gemeint sein dürfte.

für das Apostolicum in Griechisch, die in lateinischer Schrift geschrieben und mit Neumen versehen sind.[66]

Wenn alle das Symbol kennen müssen, weil das Frankenreich und die Nachfolgereiche mindestens nominell christlich sind, wenn es also nicht mehr in die Hände von Heiden fallen kann, dann kann man es auch aufzeichnen und im Bild wiedergeben. Dementsprechend setzt in karolingischer Zeit die Ikonographie des Symbols ein.[67] Die früheste Darstellung von Inhalten des Apostolicums findet sich vermutlich im Utrecht Psalter aus der Zeit Karls des Großen.[68] Sodann gibt es in den Handschriften der *Somme le Roi*, einem Moralhandbuch aus der Feder des Laurent d'Orléans aus dem späten 13. Jahrhundert, farbenfrohe Miniaturen des fiktiven Apostelkonzils zur Abfassung des Credo.[69] Im Hochmittelalter werden die Apostel auch mit Spruchbändern dargestellt, auf denen jeweils einzelne Klauseln des Apostolicums stehen. Ein prachtvolles Beispiel hierfür ist der Tragaltar des Eilbertus aus dem Welfenschatz aus der Zeit um

---

66 Frühe Beispiele: Sankt Gallen, Stiftsbibliothek, 338 (Sankt Gallen, um 1050–1060; Graduale), 308f. (FaFo § 431); Sankt Gallen, Stiftsbibliothek, 381 (ebenda, s. XI; Graduale), 14f. (vgl. Charles M. Atkinson, Zur Entstehung und Überlieferung der „Missa graeca", AfMW 39 [1982], 113–145, 124); Zürich, Zentralbibliothek, Rh. 97 (Sankt Gallen?; s. XI; Graduale/Tropar), 36 (*non vidi*, vgl. Leo C. Mohlberg, Mittelalterliche Handschriften, Zürich 1951 [Katalog der Handschriften der Zentralbibliothek Zürich 1], 206; Atkinson, Entstehung, 125). Vgl. ferner auch Peter Wagner, Einführung in die gregorianischen Melodien. Ein Handbuch der Choralwissenschaft, Erster Teil: Ursprung und Entwicklung der liturgischen Gesangsformen bis zum Ausgange des Mittelalters, 3. Aufl., Leipzig 1911, 102, Anm. 5 (dort auch der Text aus dem Rheinauer Codex. Der Verweis auf das Tropar von Winchester scheint falsch zu sein.); David Hiley, Western Plainchant, Oxford 1993, 168–171, 235f. (mit Hinweis auf Laon, Bibliothèque municipale, 263 [Laon; s. XII/XIII; Tropar], f. 139r–v; dort erweitertes lateinisches Apostolicum mit Neumen), 528. Nicht verifizieren konnte ich Atkinson, Entstehung, 122 (Hinweis auf Oxford, Bodleian Library, Selden Supra 27 [frühes 11. Jh.]).
67 Vgl. zum Folgenden die in FaFo § 427 angegebene Literatur.
68 Vgl. FaFo § 288. Die Darstellung hat eine Parallele im Eadwin oder Canterbury Psalter aus der Mitte des 12. Jahrhunderts; vgl. FaFo § 432. Möglicherweise gehen beide Darstellungen auf eine gemeinsame Vorlage zurück.
69 Beispiele: codd. Paris, Bibliothèque nationale de France, Département des manuscrits, Français 938 (a. 1294), f. 6r; London, British Library, Add. Ms. 54180 (a. 1295), f. 10v; Paris, Bibliothèque Mazarine, Ms. 870-1 (a. 1295), f. 5r; London, British Library, Add. Ms. 28162 (um 1290–1300), f. 2xv; Hannover, Gottfried Wilhelm Leibniz Bibliothek (Niedersächsische Landesbibliothek), Ms. I. 82 (um 1300), f. 9v; Paris, Bibliothèque de l'Arsenal, MS-6329 réserve (a. 1311), f. 12v; Mailand, Biblioteca Ambrosiana, H 106 supra (S. P. 2; 1310–1340), f. 3r. Zu diesen Handschriften und ihren Illuminationen vgl. Richard H. Rouse/Mary A. Rouse, Manuscripts and their Makers. Commercial Book Producers in Medieval Paris, 1200–1500, 2 Bände, Turnhout 2000, Band I, 33–45; Édith Brayer/Anne-Françoise Leurquin-Labie, La *Somme le Roi* par Frère Laurent, Paris 2008 (Société des Anciens Textes Français), 33–45.

1150, der im Berliner Kunstgewerbemuseum aufbewahrt wird.[70] Den Aposteln werden dann auch Propheten mit ihren Weissagungen zugeordnet und diese paarweise nicht nur in Prachthandschriften,[71] sondern auch an den Wänden von einfachen Pfarrkirchen dargestellt.[72] Diese Darstellungen hatten nicht nur eine ästhetische, sondern auch eine katechetische Funktion.

---

[70] Vgl. Hendrik W. van Os, Art. Credo, in: LCI I, 1968, 461–464, 462 und URL http://www.smb-digital.de/eMuseumPlus?service=ExternalInterface&module=collection&objectId= 1830347&viewType=detailView (22.06.2018). Die Darstellung und Verteilung des Symbols entspricht im Wesentlichen FaFo § 400.

[71] Instruktives Beispiel etwa in cod. Pommersfelden, Schloss Weissenstein, 215 (2837) (Kloster Kastl, ca. 1322–1356), f. 160r–v. Vgl. dazu URL http://www.handschriftencensus.de/9431 (22.06.2018).

[72] Beispiele sind die Fresken in der oberbayerischen Pfarrkirche St. Peter und Paul in Dollnstein aus der Zeit zwischen 1320 und 1330 (Abbildungen hier: URL https://de.wikipedia.org/wiki/Dollnstein#/media/File:Kirche_von_Dollnstein_im_Landkreis_Eichst%C3%A4tt,_Fresko_im_Chorraum.jpg; 22.09.2018), in der Martinskirche in Billigheim aus der Zeit um 1400 (Abbildungen hier: URL http://www.ingenheim.evpfalz.de/index.php?id= 4976#c11355; 22.06.2018) und in der Friedhofskapelle in Birmenstorf (Aargau; Abbildungen hier: URL http://www.aargauerkapellen.ch/kapellen/Freskenkapelle_Birmenstorf; 22.06.2018).

IV Das Apostolicum – damals und heute: Leistung und Grenzen eines christlichen Fundamentaltextes

Zusammengefasst lautet meine These also: Das Apostolicum entwickelte sich in der lateinischen Kirche zu einem christlichen Basistext, der – kirchenhistorisch gesehen – die Bibel in der Alltagsfrömmigkeit im Frühmittelalter an Bedeutung übertroffen und daher für die Formierung des abendländischen Christentums eine kaum zu überschätzende Rolle gespielt hat. Diese Entwicklung war einerseits ein *Gewinn*, denn die Formierung und Verwendung des Bekenntnisses stellte ein wichtiges Hilfsmittel für den Elementarunterricht im christlichen Glauben dar und trug zu einer vergleichsweise raschen Ausbreitung des Christentums bei. Sie war andererseits aber auch ein *Verlust*, weil sich das Bekenntnis von einer – notwendig reduktionistischen – Gedächtnisstütze und Orientierungsmarke zu einer Fundamentalformel entwickelte, die theologische Suffizienz suggerierte, gar als wundertätig angesehen wurde. Eine derartig einseitige Hochschätzung führte zu einem Verlust an dem Reichtum christlicher Glaubenserfahrung, wie er im Kanon der Bibel aufbewahrt ist.

In der Neuzeit ist das Apostolicum insgesamt strittig geworden. Die großen Debatten, die im 19. und frühen 20. Jahrhundert darum noch ausgefochten wurden,[73] werden zwar heute nicht mehr geführt, aber nicht, weil man es akzeptiert hätte. Vielmehr ist es dort, wo es noch Verwendung findet, Teil eines unhinterfragten rituellen Traditionsbestands, welcher in irgendwie unklarer Weise zu jedem Gottesdienst „dazugehört". Wo man Gottesdienstbesucher darauf anspricht, herrscht meist Ratlosigkeit. Das Verständnis für diese hochverdichteten Sätze ist geschwunden, weil vielen die neutestamentlichen Geschichten, auf die das Symbol anspielt, nicht mehr vertraut sind, weil uns ein Glaubensbegriff, der sich einseitig auf Glaubens*wissen* stützt, zu Recht suspekt geworden ist und weil sich im Gefolge der Aufklärung ein Wirklichkeitsverständnis durchgesetzt hat, in dessen Rahmen es vielen Menschen außerordentlich schwer fällt, naturwissenschaftlich nicht einholbare Sätze über Gott oder über wunderhafte Begebenheiten im Leben Jesu (Jungfrauengeburt, Auferstehung) in ihre Alltagserfahrung einzuordnen.

---

[73] Vgl. dazu jetzt Julia Winnebeck, Apostolikumsstreitigkeiten. Diskussionen um Liturgie, Lehre und Kirchenverfassung in der preußischen Landeskirche 1871–1914, Leipzig 2016 (AKThG 44).

Auch galt und gilt das Apostolicum als defizient. In dieser Hinsicht hat man bereits im 19. Jahrhundert den völligen Ausfall der biblischen Ethik moniert.[74] Das muss freilich nicht so bleiben, denn schon die neutestamentlichen Autoren haben ja versucht, das Leben in der Nachfolge Christi in knappen Merksätzen und Summarien zusammenzufassen. Es wäre allerdings aus verschiedenen Gründen misslich, diese Lücke im Apostolicum durch Textänderungen auffüllen zu wollen. Aber ich hielte es für angemessen, wenn sich die evangelischen Kirchen in Deutschland dazu durchringen könnten, das Bekenntnis durch das Doppelgebot der Liebe in Verkündigung wie Liturgie zu *ergänzen*. Damit könnte das berechtigte Anliegen vieler Christen, die die christliche Religion nicht ausschließlich als Erlösungsreligion, sondern ebenso als eine Religion der tatkräftigen Liebe sehen, aufgenommen werden. Darüber hinaus wäre es auch Menschen, die mit der Rezitation des Apostolicums allein Schwierigkeiten haben, möglich, im Gottesdienst auf das Doppelgebot der Liebe gewissermaßen gedanklich „auszuweichen". Ich plädiere daher dafür, das Apostolicum und das Bekenntnis von Konstantinopel zwar nicht zu verändern, aber um folgende Worte zu ergänzen:

„Ich möchte in der Gnade Gottes ein christliches Leben gemäß dem Wort des Evangeliums führen: ‚Du sollst den Herrn, deinen Gott, lieben von ganzem Herzen, von ganzer Seele, von ganzem Gemüt und mit all deiner Kraft und deinen Nächsten wie dich selbst.'"

Eine Reform des liturgischen Umgangs mit dem Apostolicum ist überfällig. Christlicher Glaube realisiert sich nach dem Zeugnis der Heiligen Schrift nur dann, wenn ich den dreieinigen Gott liebe und verehre und mich gleichzeitig dem notleidenden Mitmenschen zuwende. Das erstere wird bei der Rezitation des Apostolicums seit altersher bekannt, das letztere wäre – so mein Vorschlag – in Zukunft in gleicher liturgischer Dignität im Anschluss zu bekräftigen.

---

74 Vgl. Winnebeck, Apostolikumsstreitigkeiten, 260–273, bes. 269f. Moderne Stimmen bei Kinzig, Ethik, Anm. 5.

Literatur

Abkürzungen

FaFo Kinzig, Wolfram, Faith in Formulae. A Collection of Early Christian Creeds and Creed-related Texts, 4 Bände, Oxford 2017 (OECT).

Alle weiteren Abkürzungen richten sich nach Siegfried M. Schwertner, IATG³ – Internationales Abkürzungsverzeichnis für Theologie und Grenzgebiete. Zeitschriften, Serien, Lexika, Quellenwerke mit bibliographischen Angaben, 3., überarbeitete und erweiterte Auflage, Berlin/Boston 2014.

1. Quellen

a) Handschriften

Arras, Bibliothèque municipale, 731.
Hannover, Gottfried Wilhelm Leibniz Bibliothek (Niedersächsische Landesbibliothek), Ms I 82.
London, British Library, Add. Ms. 28162.
London, British Library, Add. Ms. 54180.
Mailand, Biblioteca Ambrosiana, H 106 supra (S. P. 2).
Paris, Bibliothèque de l'Arsenal, MS-6329 réserve.
Paris, Bibliothèque Mazarine, Ms. 870-1.
Paris, Bibliothèque nationale de France, Département des manuscrits, Français 938.
Pommersfelden, Schloss Weissenstein, 215 (2837).
Sankt Gallen, Stiftsbibliothek, 338.
Sankt Gallen, Stiftsbibliothek, 381.
Zürich, Zentralbibliothek, Rh. 97.

b) Editionen

Abascal, Juan Manuel/Gimeno, Helena, Epigrafía hispánica. Catálogo del Gabinete de Antigüedades, Madrid 2000 (Publicaciones del Gabinete de Antigüedades de la Real Academia de la Historia 1/Antigüedades 1).
Aelfric's Lives of Saints. A Set of Sermons on Saints' Days formerly observed by the English Church, ed. Walter W. Skeat, 2 Bände, London 1881–1900 (EETS 76, 82, 94, 114).
Augustinus von Hippo, De doctrina christiana, in: Sancti Aurelii Augustini De doctrina christiana. De vera religione, ed. Josef Martin, Turnhout 1962 (CChr.SL 32), 6–167.
Burchard von Worms, Decretorum Liber, in: Burchardi Vormatiensis Episcopi Opera Omnia, ed. Jaques Paul Migne, Paris 1880 (PL 140), 537–1058.

Caesarius von Arles, Sermo 130, in: Caesarius Arelatensis, Sermones, ed. Germain Morin, Turnhout 1953 (CChr.SL 103), 534–538.
Friedberg, Emil, Aus Deutschen Bussbüchern. Ein Beitrag zur deutschen Culturgeschichte, Halle 1868.
Halitgar von Cambrai, De vitiis et virtutibus et de ordine poenitentium, in: Theodulfi Aurelianensis episcopi, Sancti Eigilis abbatis Fuldensis, Dungali Reclusi, Ermoldi Nigelli, Symphosii Amalarii presbyteri Metensis, opera omnia ...: intermiscentur Bernowini Claromontani, Aldrici Senonensis, Adalhardi abbatis Corbeiensis scripta quae supersunt universa; simul ad prelum revocatur Liber Diurnus Romanorum pontificum, ed. Jaques Paul Migne, Paris 1851 (PL 105), 651–710.
Hansen, Joseph, Quellen und Untersuchungen zur Geschichte des Hexenwahns und der Hexenverfolgung im Mittelalter. Mit einer Untersuchung der Geschichte des Wortes Hexe von Johannes Franck, Bonn 1901.
Hinkmar von Reims, De divortio Lotharii regis et Theutbergae reginae, ed. Letha Böhringer, Hannover 1992 (MGH.Conc 4, Suppl. 1).
Hrabanus Maurus, Homilia 43, in: B. Rabani Mauri Fuldensis abbatis et Moguntini archiepiscopi opera omnia, ed. Jacques Paul Migne, Paris 1864 (PL 110), 80B–81D.
Hrabanus Maurus, Poenitentium liber ad Otgarium, in: B. Rabani Mauri Fuldensis abbatis et Moguntini archiepiscopi opera omnia, ed. Jacques Paul Migne, Paris 1852 (PL 110), 1397–1424.
Ivo von Chartres, Decreta, in: Sancti Ivonis Carnotensis episcopi opera omnia, ed. Jacques Paul Migne, Paris 1889 (PL 161), 9–1037.
Kinzig, Wolfram, Faith in Formulae. A Collection of Early Christian Creeds and Creed-related Texts, 4 Bände, Oxford 2017 (OECT).
Martin de Braga. Œuvres morales et pastorales. Introduction Guy Sabbah, texte latin révisé et traduction Jean-François Berthet et Guy Sabbah, Annotation de Laurent Angliviel de la Beaumelle, Jean-François Berthet et Guy Sabbah, Paris 2018 (SC 594).
Martino di Braga. Contro le superstizioni. Catechesi al popolo/De correctione rusticorum, ed. Mario Naldini, Fiesole 1991 (BPat 19).
Mohlberg, Leo C., Mittelalterliche Handschriften, Zürich 1951 (Katalog der Handschriften der Zentralbibliothek Zürich 1).
Mohlberg, Leo C./Eizenhöfer, Leo/Siffrin, Petrus, Missale Gallicanum Vetus (Cod. Vat. Palat. lat. 493), Rom 1958 (RED.F 3).
Poenitentiale Ps.-Egberti, in: Octavi Saeculi Ecclesiastici Scriptores, ed. Jacques Paul Migne, Paris 1889 (PL 89), 401–436.
Pseudo-Isidor, Decreta, Capitula Martini, in: Isidori Mercatoris decretalium collectio, ed. Jaques Paul Migne, Paris 1880 (PL 130), 2–1177.
Radulf von Bourges, Capitula, in: Capitula Episcoporum, ed. Peter Brommer, Hannover 1984, Band I (MGH.CE 1), 227–268.
Reginonis Abbatis Primiensis Libri duo De synodalibus causis et disciplinis ecclesiasticis, ed. Friedrich Wilhelm Wasserschleben, Leipzig 1840.
Rufinus von Aquileia, Commentar zum Apostolischen Glaubensbekenntnis. Übersetzt und mit einer Einleitung versehen von Heinrich Brüll, Kempten 1876 (BKV 1/13).
Velázquez Soriano, Isabel, Las pizarras visigodas (Entre el latín y su disgregación. La lengua hablada en Hispania, siglos VI–VIII), o.O. [Burgos] 2004 (Colección Beltenebros 8).

Vie de Césaire d'Arles. Texte critique de G. Morin. Introduction, revision du texte critique, traduction, notes et index par Marie-José Delage. Avec la collaboration de Marc Heijmans, Paris 2010 (SC 536).

Wasserschleben, Friedrich Wilhelm, Die Bussordnungen der abendländischen Kirche nebst einer rechtsgeschichtlichen Einleitung, Halle 1851.

2. Sekundärliteratur

Atkinson, Charles M., Zur Entstehung und Überlieferung der „Missa graeca", AfMW 39 (1982), 113–145.

Bogaert, Pierre-Maurice, The Latin Bible, c. 600 to c. 900, in: Richard Marsden/E. Ann Matter (Hgg.), The New Cambridge History of the Bible, Band II: From 600 to 1450, Cambridge 2012, 69–92.

Bradbury, Scott, Severus of Minorca. Letter on the Conversion of the Jews. Edited with an Introduction, Translation, and Notes, Oxford 1996 (OECT).

Brayer, Édith/Leurquin-Labie, Anne-Françoise, La Somme le Roi par Frère Laurent, Paris 2008 (Société des Anciens Textes Français).

Buchinger, Harald, Art. Psalm (liturgisch), in: RAC 28, 2017, 459–496.

Fernández Nieto, Francisco Javier, A Visigothic Charm from Asturias and the Classical Tradition of Phylacteries Against Hail, in: Gordon/Simón 2010, 551–599.

Filotas, Bernadette, Pagan Survivals, Superstitions and Popular Cultures in Early Medieval Pastoral Literature, Toronto 2005 (STPIMS 151).

Flint, Valerie I. J., The Rise of Magic in Early Medieval Europe, Oxford 1991.

Foxhall Forbes, Helen, Heaven and Earth in Anglo-Saxon England. Theology and Society in an Age of Faith, Farnham, Surrey/Burlington, VT 2013 (Studies in Early Medieval Britain).

Frenschkowski, Marco, Art. Magie, in: RAC 23, 2010, 857–957.

Frenschkowski, Marco, Magie im antiken Christentum. Eine Studie zur Alten Kirche und ihrem Umfeld, Stuttgart 2016 (Standorte in Antike und Christentum 7).

Gordon, Richard L./Simón, Francisco Marco (Hgg.), Magical Practice in the Latin West. Papers from the International Conference Held at the University of Zaragoza 30 Sept.–1 Oct. 2005, Leiden/Boston 2010 (RGRW 168).

Harmening, Dieter, Superstitio. Überlieferungs- und theoriegeschichtliche Untersuchungen zur kirchlich-theologischen Aberglaubensliteratur des Mittelalters, Berlin 1979.

Hiley, David, Western Plainchant, Oxford 1993.

Houghton, Hugh A.G., The Latin New Testament. A Guide to its Early History, Text, and Manuscripts, Oxford 2016.

Johnson, Maxwell E., The Rites of Christian Initiation. Their Evolution and Interpretation, revised and expanded edition, Collegeville, MN 2007.

Jungmann, Josef A., Missarum sollemnia. Eine genetische Erklärung der römischen Messe, 2 Bände, 5. Aufl., Wien u.a. 1962.

Keefe, Susan A., Water and the Word. Baptism and the Education of the Clergy in the Carolingian Empire, 2 Bände, Notre Dame, IN 2002 (PMS).

Kinzig, Wolfram, Formation des Glaubens. Didaktische und liturgische Aspekte der Rezeption altkirchlicher Symbole in der lateinischen Kirche der Spätantike und des Frühmittelalters, in: Uta Heil/Volker Drecoll (Hgg.), Formation of European Christianity in Late Antiquity and

the Early Middle Ages, Internationale Tagung vom 6.–8. April 2017 in Wien, 2019 (im Druck).
Kinzig, Wolfram, Glaubensbekenntnis und Entwicklung des Kirchenjahres, in: ders./Ulrich Volp/Jochen Schmidt (Hgg.), Liturgie und Ritual in der Alten Kirche. Patristische Beiträge zum Studium der gottesdienstlichen Quellen der Alten Kirche, Leuven/Walpole 2011 (PatSt 11), 3–41.
Kinzig, Wolfram, Herrschaft und Bekenntnis. Überlegungen zur imperialen Normierung des christlichen Glaubens in der Spätantike, HZ 303 (2016), 621–642.
Kinzig, Wolfram, Neue Texte und Studien zu den antiken und frühmittelalterlichen Glaubensbekenntnissen, Berlin 2017 (AKG 132).
Kinzig, Wolfram, Warum es im Glaubensbekenntnis keine Ethik gibt. Überlegungen aus kirchenhistorischer Perspektive, Journal for Ethics in Antiquity and Christianity, 2019 (erscheint demnächst online).
Kinzig, Wolfram/Vinzent, Markus, Recent Research on the Origin of the Creed, JThS 50 (1999), 535–559.
Klingshirn, William E., Caesarius of Arles. The Making of a Christian Community in Late Antique Gaul, Cambridge 1994 (ND 1995; CSMLT IV/22).
Lavarra, Caterina, Maghi, santi e medici. Interazioni culturali nella Gallia merovingia, Galatina 1994.
Levison, Wilhelm, England and the Continent in the Eighth Century, Oxford 1946 (The Ford Lectures 1943).
Lietzmann, Hans, Symbolstudien, Berlin 1962 (ND Darmstadt 1966; Libelli 136).
McKenna, Stephen, Paganism and Pagan Survivals in Spain up to the Fall of the Visigothic Kingdom, Washington 1938 (SMH.NS 1).
Marrone, Steven P., A History of Science, Magic and Belief. From Medieval to Early Modern Europe, London u.a. 2015.
Neri, Valerio, I marginali nell'occidente tardoantico. Poveri, „infames" e criminali nella nascente società cristiana, Bari 1998 (Munera 12).
Page, Christopher, The Christian West and Its Singers. The First Thousand Years, New Haven/London 2010.
Patzold, Steffen, Pater noster. Priests and the Religious Instruction of the Laity in the Carolingian populus christianus, in: ders./Carine van Rhijn (Hgg.), Men in the Middle. Local Priests in Early Medieval Europe, Berlin/Boston 2016 (RGA.E 93), 199–221.
Predel, Gregor, Vom Presbyter zum Sacerdos. Historische und theologische Aspekte der Entwicklung der Leistungsverantwortung und Sacerdotalisierung des Presbyterates im spätantiken Gallien, Freiburg 2005 (Dogma und Geschichte 4).
Quoniam, Pierre, Art. Uzalis, in: PRE II/18, 1968, 1323.
Ritter, Adolf Martin, Die altkirchlichen Symbole. Texte und Kontext, in: Irene Dingel (Hg.), Die Bekenntnisschriften der Evangelisch-Lutherischen Kirche. Quellen und Materialien, Band I: Von den altkirchlichen Symbolen bis zu den Katechismen Martin Luthers, Göttingen 2014, 3–34.
Rouse, Richard H./Rouse, Mary A., Manuscripts and their Makers. Commercial Book Producers in Medieval Paris, 1200–1500, 2 Bände, Turnhout 2000.
Salisbury, Joyce E., Iberian Popular Religion 600 B.C. to 700 A.D. Celts, Romans and Visigoths, New York/Toronto 1985 (TSR 20).
Sanzo, Joseph E., Scriptural Incipits on Amulets from Late Antique Egypt. Text, Typology, and Theory, Tübingen 2014 (STAC 84).

Sartori, Paul, Art. niesen, in: HWDA VI, 1934/35, 1072–1083.
Saxer, Victor, Morts, martyrs, reliques en Afrique chrétienne aux premiers siècles. Les témoignages de Tertullien, Cyprien et Augustin à la lumière de l'archéologie africaine, Paris 1980 (ThH 55).
Saxer, Victor, Les rites de l'initiation chrétienne du IIe au VIe siècle. Esquisse historique et signification d'après leurs principaux témoins, Spoleto 1988 (CISAM 7).
van Os, Hendrik W., Art. Credo, in: LCI I, 1968, 461–464.
van Rhijn, Carine, The Local Church, Priests' Handbooks and Pastoral Care in the Carolingian Period, in: Chiese locali e chiese regionali nell'alto medioevo, 2 Bände, Spoleto 2014 (SSAM 61), Band II, 689–710.
van Rhijn, Carine, Manuscripts for Local Priests and the Carolingian Reforms, in: Steffen Patzold/Carine van Rhijn (Hgg.), Men in the Middle. Local Priests in Early Medieval Europe, Berlin/Boston 2016 (RGA.E 93), 177–198.
van Rhijn, Carine, Carolingian Rural Priests as Local (Religious) Experts, in: Steffen Patzold/Florian Bock (Hgg.), Gott handhaben. Religiöses Wissen im Konflikt um Mythisierung und Rationalisierung, Berlin/Boston 2016, 131–146.
Velázquez Soriano, Isabel, Between Orthodox Belief and ‚Superstition' in Visigothic Hispania, in: Gordon/Simón 2010, 601–627.
Wagner, Peter, Einführung in die gregorianischen Melodien. Ein Handbuch der Choralwissenschaft, Erster Teil: Ursprung und Entwicklung der liturgischen Gesangsformen bis zum Ausgange des Mittelalters, 3. Aufl., Leipzig 1911.
Westra, Liuwe H., Creating a Theological Difference. The Myth of Two Grammatical Constructions with Latin Credo, in: StPatr XCII, 2017, 3–14.
Winnebeck, Julia, Apostolikumsstreitigkeiten. Diskussionen um Liturgie, Lehre und Kirchenverfassung in der preußischen Landeskirche 1871–1914, Leipzig 2016 (AKThG 44).

3. Internetquellen

Anonymus, Beschreibung des Codex Palatinus lat. 493, Biblioteca del Vaticano, in: Mark Stansbury (Hg.), Earlier Latin Manuscripts 1/93, URL:
https://elmss.nuigalway.ie/catalogue/105 (22.06.2018).
Apostelfresko im Chorraum, Kirche von Dollnstein im Landkreis Eichstätt, URL:
https://de.wikipedia.org/wiki/Dollnstein#/media/File:Kirche_von_Dollnstein_im_Landkreis_Eichst%C3%A4tt,_Fresko_im_Chorraum.jpg (22.09.2018).
Apostelfresko, Freskenkapelle Birmenstorf, URL:
http://www.aargauerkapellen.ch/kapellen/Freskenkapelle_Birmenstorf (22.06.2018).
Fresken in der Martinskirche in Billigheim, URL:
http://www.ingenheim.evpfalz.de/index.php?id=4976#c11355 (22.06.2018).
Kautz, Michael, Beschreibung des Codex Palatinus lat. 493, Biblioteca Apostolica Vaticana, in: Bibliotheca Laureshamensis digital, URL: http://www.ub.uni-heidelberg.de/digi-pdf-katalogisate/sammlung51/werk/pdf/bav_pal_lat_493.pdf (22.06.2018).
Palmer, Nigel F., Beschreibung des cod. Pommersfelden, Schloss Weissenstein. Gräfl. Schöonbornsche Schlossbibliothek, 215 (2837), in: Handschriftencensus. Eine Bestandsaufnahme der handschriftlichen Überlieferung deutschsprachiger Texte des Mittelalters, URL:
http://www.handschriftencensus.de/9431 (22.06.2018).

Pseudo-Isidor, Capitula Martini, in: Karl-Georg Schon (Hg.), Projekt Pseudoisodor, URL: http://www.pseudoisidor.mgh.de/html/121.htm (22.09.2018).
Tragaltar des Eilbertus aus dem Welfenschatz, Kunstgewerbemuseum der Staatlichen Museen zu Berlin. Preußischer Kulturbesitz, URL: http://www.smb-digital.de/eMuseumPlus?service=ExternalInterface&module=collection&objectId=1830347&viewType=detailView (22.06.2018).